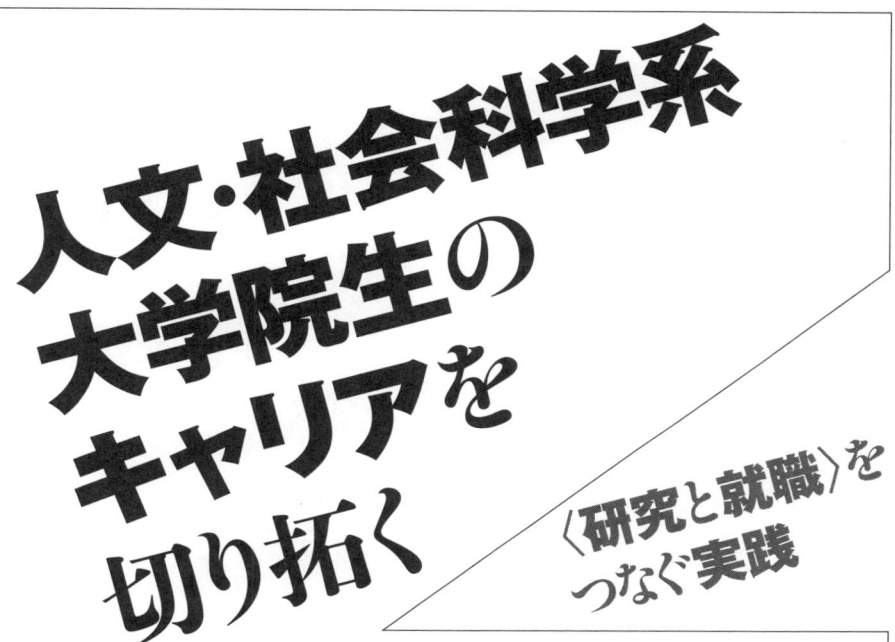

人文・社会科学系大学院生のキャリアを切り拓く

〈研究と就職〉をつなぐ実践

佐藤 裕・三浦美樹・青木 深／一橋大学学生支援センター［編著］

大月書店

はじめに

　いま日本の大学は，難しい状況に置かれています。第一に，少子化が進行するなかで，志願者・入学者の獲得をめぐり，国公私立という設置形態を問わない大学間の競争と淘汰の時代が始まっています。改革努力を怠っていれば，受験生をひきつけることができず，入学者が減少すれば，教育機関としての存在意義が問われることにもなりかねません。第二に，スケールメリットを活かせる大規模私立大学の戦略的台頭が国立大学を含む他大学を脅かしています。以前とは異なり，国立大学と私立大学の両方に合格した志願者が私立大学を入学先に選ぶケースも増えてきました。第三に，現在の経済状況等を反映して，文系より就職に有利といわれる理系を志望する傾向が高まっており，また入学志願者の間で地元大学志向が強まっています。全国区大学といわれてきた東京大学，一橋大学，東京工業大学，早稲田大学，慶應義塾大学などでも，関東の高校出身者が55%から78%に達しています。京都大学でも，入学者の55%以上が近畿出身者です（いずれも2013年度入学者）。大都会の有力大学は，その地域の「地方大学」になりつつあるのです。第四に，若者の「内向き志向」が指摘されています。グローバル化が叫ばれているにもかかわらず，留学に出る日本人学生数はピークの8万2940人（2004年）から現在の6万人に減少しました。留学を希望する学生は多いのですが，少子化や経済的な理由で親が子どもを引き止める場合が少なくありません。そして第五に，教育のさらなる高度化が求められるようになりました。

　こうした社会状況の変化のなかで，国立大学は1990年代以降，大きな制度改革をいくつも経験してきました。そのひとつが「大学院重点化」です。教育の高度化をめざし，大学院の学生定員を増大させる政策です。それまでは少数の学生が大学院に進学あるいは編入学し，修士課程を終えた学生はそのまま博士後期課程（以下，博士課程）に進学して研究者になることが期待されていました。大学院重点化により，学生定員は修士課程，博士課程の両方で大幅増となりました。一橋大学大学院社会学研究科の場合，1997年から2000年にかけてお

こなわれたは重点化の前は，毎年の入学定員が修士課程・博士課程とも28名でした。同数とは，修士課程の入学者にはそのまま博士課程への進学が期待されていたということです。しかし，大学院重点化後の今日では修士課程90名，博士課程41名です。以前に比べ，学生定員は修士課程が3倍強，博士課程では約1.5倍になりました。

　大学院重点化に対する教員の懸念は，このように膨張した大学院ではたして教育の質が保てるかという点にありました。教員の多くは昔の少数精鋭型大学院教育の出身ですから，院生が多くなると大学院の質的低下が起きると恐れたのです。修士課程で大学院を終えて就職する学生は博士課程に進学した学生に比べて学力が劣ると考えた教員も，当初は少なくありませんでした。

　しかし，そこで置き忘れられてきたことがありました。院生自身が構想する自分の将来という観点です。修士課程入学者の多くは学部以上の勉強をしたい，できれば博士課程に進学して研究者の道をめざしたいという気持ちでいます。しかし，博士課程への進学は同期生の半分くらいにしか許されなくなりました。修士課程を終えて就職するのは研究者の道を断念することに等しく，博士課程に進学する院生と比べて自分は学力不足の烙印を押されるようであり，それは院生には納得しがたいものでした。そうした教員や院生のメンタリティが変わり，修士課程を修了して研究力や展開力をつけた高度な人材として積極的に就職することを是とする院生が増えるには，時間が必要でした。

　博士課程に進学する院生にしても，仲間が多数になったことから，将来の研究職への道の競争は以前よりも厳しくなりました。博士号を取得しても仕事のない者が増えました。仕事がないことを懸念して，何年も博士課程にとどまる院生が蓄積していった大学院も少なくありません。

　大学院重点化以後の移行期において，将来を案ずる院生の顔色はさえませんでした。自分の未来を展望しにくい大学院のままでは，集まった院生に申し訳が立ちません。大学として社会への責任も果たせません。そこで，一橋大学大学院社会学研究科は，大学院重点化には院生のキャリア支援がともなわなければならないと考えたのです。

　まず，2006～2007年度に文部科学省の競争的資金「「魅力ある大学院教育」イニシアティブ」に「社会科学の先端的研究者養成プログラム」をもって応募

し，最初の資金を得ました。続いて2007〜2009年度には，「キャリアデザインの場としての大学院――入口・中身・出口の一貫教育プログラム」を構想し，文部科学省の大学院GPプログラムの資金を得ました。2010年度は学内資金で活動を続け，2011〜2013年度には文部科学省の特別経費を得て，社会学研究科内にとどまらず全学の院生を対象とした「社会科学系大学院におけるパッケージ型キャリア支援プログラム――キャリア支援室大学院部門設置による支援基盤の確立」を立ち上げました。この全学的な大学院生のキャリア支援プログラムを稼働させる組織として，学部生をもっぱら支援対象としていたキャリア支援室内に，大学院部門を設置しました。2014年度以降も，大学院部門を維持していく予定です。

　最初に述べたように，日本の大学は過去15年余，「大学院重点化」という制度改革の荒波を経験してきました。本書では，社会科学の総合研究大学・大学院である一橋大学において，院生のキャリア支援への努力がどのように組織的に払われてきたのかを読者に具体的に示します。一橋大学学生支援センター・キャリア支援室大学院部門の取り組みを公開するのは，第一に，大学院でさらに研究を進めたいという思いをもつ学部学生の背中を押すためです。第二に，キャリアを考えながら研究に励むことがいかに大切かを現役の院生に示したいからです。そして第三に，一橋大学の経験が少しでも他大学の院生キャリア支援担当教職員の参考になればと願うからです。

　本書の構成と執筆分担は以下のとおりです。

序章　大学院重点化と院生の就職

　大学院重点化や国公立大学の法人化を経て院生が増加する一方で，大学教員職の需要が減り，博士課程院生の就職難や修士課程院生のキャリア選択の多元化が進んだことを解説します。人文・社会科学系の院生に対してもきめ細やかなキャリア支援が求められるようになってきた背景を論じます。（佐藤　裕）

第Ⅰ部　大学教員としての就職
第1章　大学教員として就職するために

　大学教員職に求められる資質を今日的文脈で解説し，その険しい進路の再確

認を促します。そのうえで，博士号に加えて就職には欠かせない投稿論文の執筆や，研究資金の獲得におけるノウハウを提示します。そして，大学教員・研究職をめざす就職活動とは何なのかを考えます。（佐藤　裕）

第2章　「いま・ここ」の研究活動から始める

　一橋大学でのアカデミック・キャリア支援の実践にもとづき，おもに講習会で提示された論点や事例を交えながら，一橋大学大学院の修了生がどのように研究者としてのキャリアを切り拓いていったのかを論じます。本章では，博士課程における研究計画と実践，投稿論文の執筆，各種助成金への応募書類の作成，研究活動のグローバル化と短期留学，大学人事公募への応募書類の作成，研究と育児等との両立などを具体的に扱います。（同）

第3章　博士号取得者のキャリア形成から学ぶ

　一橋大学大学院で博士号を取得し大学の専任教員となった方々へのインタビューにもとづき，彼／彼女らの軌跡から院生のキャリア形成について学びます。登場する方々は人文・社会科学の複数分野をカバーする8名で，調査研究活動，成果発信，院生生活での工夫，大学教員をめざす就職活動などについて，個人の経験から重要な指針を得ることができます。（青木　深）

第Ⅱ部　企業等への就職

第1章　院生が直面する問題

　企業等への就職を考える人文・社会科学系院生は，「文系の院生は就職に不利」という噂に不安を抱きがちです。そのような不安を乗り越えていくために，院生が就職活動において直面する諸問題とその背景，企業が文系院生をどう見ているのか，などについて説明します。（三浦美樹）

第2章　修士課程修了者の事例から学ぶ

　一橋大学大学院の修士課程を修了して企業に就職した方々へのインタビューにもとづき，進路選択の動機や時期，就職活動の経緯，就職後の配属などについて3名の経験から学びます。「就職に不利」と否定的にかまえるのではなく，大学院での経験を，就職してからでは得がたいものとして積極的に転換することの重要性が理解できるでしょう。（同）

第3章　「文系院生は不利？」を乗り越える

　学修・研究と就職活動を別個のものと捉えず，両者の間で相乗効果を生み出していってほしいという意図から，大学院生特有の不安や悩みに対する考え方，就職活動に取り組むうえで留意してほしいことを説明します。本章には，就職活動の流れと注意点，エントリーシートの作成，インターンシップの活用ほか，実践的なアドバイスが満ちています。（同）

第4章　日本で就職をめざす外国人留学生へ

　近年，「グローバル人材」を必要とする日本企業の多くが外国人留学生を積極的に採用するようになっています。日本での就職をめざす外国人留学生が日本人学生とは異なるさまざまな問題に直面してしまう現状をふまえ，おもに修士課程に在籍する外国人留学生を対象に，日本で就職活動をするうえでの注意点について説明します。（同）

第Ⅲ部　「伝えるスキル」の養成

　英語で研究成果を発信するスキルと，将来的に大学教員として学部学生に教えるためのスキル，これらを磨くための一橋大学での取り組みとその成果や課題について述べます。政策的観点からスキル教育の必要性を説くのではなく，院生が取り組む「研究」の延長線上に求められる能力として，「伝えるスキル」に焦点を当てています。（青木　深）

　この構成が示すように，本書は，「いま・ここ」での悩みや将来への不安を抱える人文・社会科学系の大学院生が，それを乗り越えて今後のキャリアに活路を見いだすための，具体的・実践的なポイントを提示します。それが，21世紀日本の人文・社会科学系大学院においてキャリア支援担当教職員が果たすべき役割，果たしうる役割を読者の皆さんと具体的に考えることにつながると私は信じています。大学院生が将来展望をもって思う存分勉強できる環境を整えるために，一橋大学は今後も努力していく所存です。一橋大学の試みが他大学の参考になることを期待しています。

　　　　　　　　　　　　落合一泰（一橋大学理事・副学長〈教育・学生担当〉）

目次

| はじめに（落合一泰）　3

序章　大学院重点化と院生の就職　12
   1　一橋大学大学院での実践から　12
   2　大学院重点化と研究者の「過剰供給」問題　13
   3　修士課程院生の就職問題　15
   4　博士課程院生の就職問題　18
   5　ポストドクターをとりまく問題　21
   6　変革を余儀なくされる大学院　25

I　大学教員としての就職

第1章　大学教員として就職するために　28
   1　なにが求められているのか　28
   2　修士・博士論文の構想　31
   3　論文の投稿　37
   4　研究資金の調達　41
   5　アカデミアでの就職活動　46
   6　「知の生産者」であり続けるために　48

第2章　「いま・ここ」の研究活動から始める　49
   1　広範な研究活動支援に向けて　49
   2　「いま・ここ」の研究活動支援　50
   3　博士論文の構想　52
   4　投稿論文の執筆　57
   5　競争的外部資金の獲得　63
   6　留学と研究活動の国際化支援　67

7　大学教員職への応募　　71
    8　ライフイベントとキャリア設計に関する意識の醸成　　75
    9　単線的なキャリア観を超えて　　80

第3章　博士号取得者のキャリア形成から学ぶ　　81
    1　先輩たちのプロフィール　　81
    2　学び，調べ，書いて，出す　　84
    3　「暮らしていく」ために　　94
    4　博士課程院生としての3箇条　　102

II　企業等への就職

第1章　院生が直面する問題　　108
    1　院生ゆえに生じる問題　　108
    2　修士課程修了後に就職を考える人たち　　110
    3　企業は新卒になにを求めているのか？　　112
    4　企業は文系の院生をどのように見ているのか？　　114
    5　社会への貢献度を高めるために　　119

第2章　修士課程修了者の事例から学ぶ　　120
    1　先輩たちのプロフィール　　120
    2　大学院に進学した理由　　121
    3　修士課程修了後の就職を選択した時期と動機　　123
    4　就職活動と就職先決定の経緯　　125
    5　就職後の配属と大学院までの経験とのつながり　　129
    6　修士課程での経験の意義　　133

第3章　「文系院生は不利？」を乗り越える　　135
    1　相乗効果を生み出すために　　135

    2 就職活動の流れと注意点 *142*
    3 エントリーシートを作成する *146*
    4 研究テーマを説明する *152*
    5 Questions & Suggestions——院生の疑問に「応え」ます *155*
    6 スムーズに就職先を決めるためのポイント *159*

  第4章 日本で就職をめざす外国人留学生へ *161*
    1 留学生が直面する問題 *161*
    2 留学生の就職活動の進め方 *163*
    3 Questions & Suggestions——留学生の疑問に「応え」ます *170*
    4 日本で就職するにあたって *172*

Ⅲ 「伝えるスキル」の養成

    1 インプットからアウトプットへ *176*
    2 「伝えるスキル」を学ぶ *177*
    3 英語による成果発信 *180*
    4 「大学で教える」ための準備 *187*
    5 研究あってこそのスキル *196*

おわりに（林 大樹） *199*

参考文献 *201*

人文・社会科学系大学院生のキャリアを切り拓く

序章
大学院重点化と院生の就職

1　一橋大学大学院での実践から

　一橋大学は「社会科学の総合大学」を謳う研究大学（research university）であり，そのなかでも筆者らは専門職大学院を除くすべての研究科――商学・経済学・法学・社会学・言語社会研究科――の大学院生（以下，院生）を対象に支援をおこなってきました。したがって，本書で提示される事例や考察はオーソドックスな学術研究型大学院での支援経験にもとづくものです。院生による自己研鑽，そしてそれを支える一大学の支援をより汎用的なかたちで共有することは，「知の経営体」がアカデミアの規範となるなかで，その役割が著しく衰えた「知の共同体」としての大学を再生するうえで重要です。

　本書で扱うキャリアには，大学をはじめとした研究職，そして民間企業をはじめとした非研究職が含まれます。筆者らは民間企業等への就職活動においても，大学院での学修や研究を別個のものとして考えず，両者を有機的に追求する支援のあり方を模索してきました。院生たちは，知を消費するだけでなく，生産する役割をも担いますが，彼／彼女らがいかなるキャリアを追求するにしても，自身の学修・研究を「伝えるスキル」が必要となってきます。

　したがって，本書では研究者と非研究者としての就職，そして両方のキャリアにとって必要となる「伝えるスキル」の形成をテーマとします。そのうえで，人文・社会科学系の院生に特徴的な進路形成やその支援の困難と可能性について，一橋大学大学院での実践にもとづきながら提示します。ここでいう「困難」とは，アカデミア内外での就職活動やそこで求められる経験・スキル・研究業績などを指します。本書では，こうした現状に多分に影響を及ぼしてきた日本の大学院教育の変化にも目配りをしながら，読者がみずからの置かれた困難を相対化させ，可能性を切り拓いていけるようなヒントも提起してい

きます。

　「序」となる本章では，1991年に始まる大学院重点化によって生じた院生数の増加が，修士課程の院生を中心とした進路の多様化をもたらすと同時に，博士課程の院生を中心とした就職難に帰結した過程を分析します。そのうえで，学術研究型大学院である一橋大学において，なぜ筆者らが修士・博士課程の院生にきめ細やかな進路支援をおこなわなければならなかったのかを説明します。

2　大学院重点化と研究者の「過剰供給」問題

　日本では大学院は「研究者の登竜門」として位置づけられてきました。専門職大学院を除き，大学院のカリキュラム編成や研究指導は従来の考え方が支配的ですが，今日では修士課程修了者の多くが非研究職へと進んでいます。本節ではその布石となった，1991年に始まった大学院重点化政策に触れますが，その前に大学院の拡充がなぜ政策課題になったのかを見てみましょう。

　若手研究者の過剰供給は1970年代にも社会問題となっていました。教育社会学者の加藤毅（以下，本文中すべて敬称略）はオーバードクター，つまり「就職の意思を持ちながら，未就職の状態にあって研究を続けている博士課程出身者」の問題を切り口に，当時の教員人事の滞留と次世代に降りかかる就職難を分析しています。そこでは，課程中退者を含む博士課程修了者のうち，いわゆる「無業者」層が25〜30％の間で推移したことを述べています（「融化する若手大学教授市場」，292ページ）。

　しかしながら，その後日本の大学が大衆化し，さらに1985年には日本学術振興会（以下，学振）の特別研究員制度が設置されることによって，1970年代のオーバードクターの就職難は緩和されました。その流れを受けて，1980年代の半ばには再び博士課程の量的整備が政策課題となりました。たとえば，1986年に出された臨時教育審議会の第二次答申では，「博士課程については，若手研究者としての位置づけなど研究者の養成に力点を置いて整備・拡充を図る」ことが明記されました（前掲論文，292ページ）。加藤の考察によると，この時期

の博士課程の量的拡大を端的に示すのが1988年に出された答申,「大学院制度の弾力化について」です。そこには高度の専門能力を有する人材の養成が,博士課程の目的として盛り込まれました（同,293ページ）。これが1991年以降に打ち出されてきた一連の大学院重点化政策につながっていくわけです。

現在の大学教員市場での需給のアンバランスは大学院重点化政策,つまり1991年に大学審議会（現中央教育審議会大学分科会）が打ち出した答申である「大学院の整備拡充について」に端を発するとされています。同答申では,(1)学術研究の推進と国際的貢献,(2)優れた研究者の養成,(3)高度な専門的知識,能力をもつ職業人の養成と再教育,(4)国際化の進展への対応を,新時代の大学院に期待される機能として位置づけました。(3)に関連して,教育学者の天野郁夫は,研究者養成の陰に隠れていた専門職業人の養成機能が大学院に付与されたと言明しています（『国立大学・法人化の行方』）。そして,その半年後に出された答申,「大学院の量的整備」には,「欧米諸国に比し,質的にも量的にも不十分な我が国の大学院の飛躍的な充実を図るため,その方策の基本的な在り方を示す」とあります。その観点から,2000年までに大学院学生の規模を「全体としては少なくとも現在の規模の2倍程度に拡大することが必要である」との認識に至りました（細井克彦「これからの大学院教育を展望する」）。

図1は人文科学と社会科学における大学院入学者数の推移を示したものです。両分野ともに,修士課程では1990年代に入学者の大幅な伸びを見せています。しかしながら,人文科学では2010年ごろを境に,社会科学では2000年代前半に修士課程入学者が減少する傾向にあります。とはいえ,1990年代に比べれば院生数が格段に多いことがわかります。博士課程においても,人文科学では2000年に,社会科学では2003年に入学者数がピークに達し,2000年代後半から下降線をたどっています。

2000年代後半から続く修士課程と博士課程双方への入学者数の減少は,課程修了後の進路に対して不安を抱く学生が増加したことの反映であると考えられます。さらに,2000年代後半より博士課程の入学定員を減らす,あるいは定員分を満たさない方策を打ち出した大学や研究科も出てきているようです。

図1 人文・社会科学系の大学院入学者数の推移

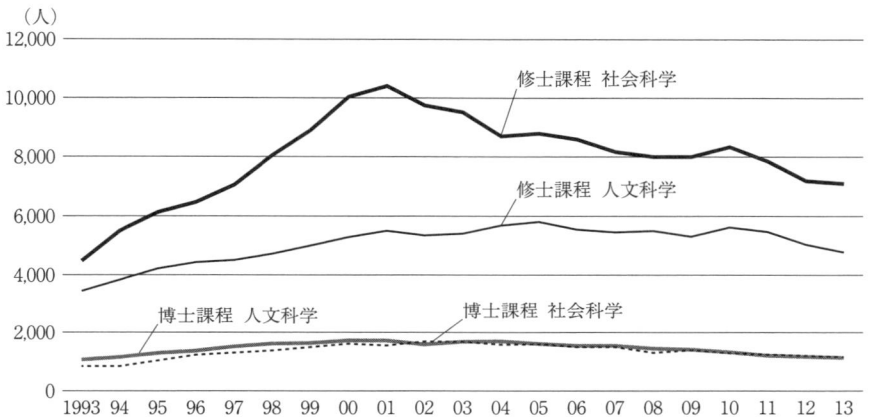

出所：文部科学省『学校基本調査報告書』各年度版より作成。

3 修士課程院生の就職問題

　まず文部科学省が毎年実施する機関統計である『学校基本調査報告書』(2012年度版) をもとに，修士課程修了者の就職状況を確認してみましょう。就職率について，学部卒業者と比べると，修士課程修了者の就職率は10％ほど高くなっています（次ページ，図2および図3）。しかし，これには理工系の修了者も含まれています。そこで，専攻分野別で「正規の職員等」を見ると，理学68.3％，工学86.4％に対し，人文科学33.8％，社会科学53.3％と開きがあることがわかります。また，学部卒業者では人文科学58.4％，社会科学67.7％となっており，修士課程修了者のほうが15〜25％ほど下回っています（図4および図5）。さらに，「一時的な仕事に就いた者」および「進学も就職もしていない者」の合計は人文科学31.6％，社会科学28.8％と3割前後を占め，理学・工学の修士課程修了者，人文科学・社会科学の学部卒業者と比べてこちらも高い数値となっています。

　以上のデータから，人文・社会科学分野の修士課程修了者の就職状況は厳しいことが確認できます。

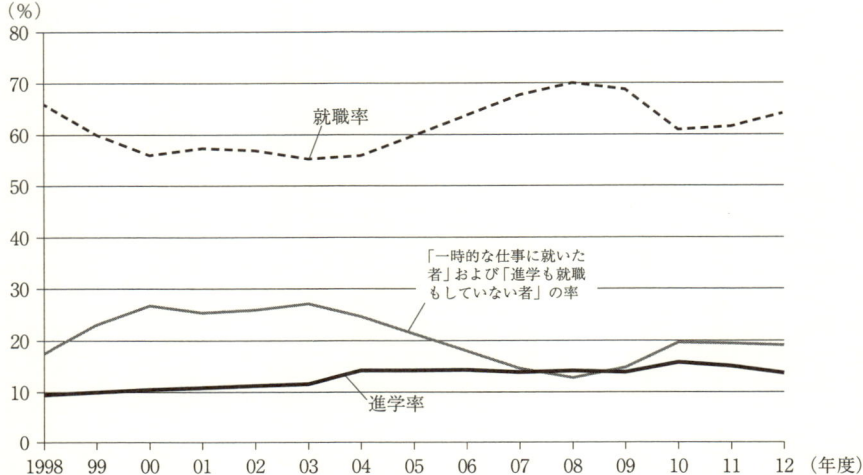

図2　学部卒業者の進路状況

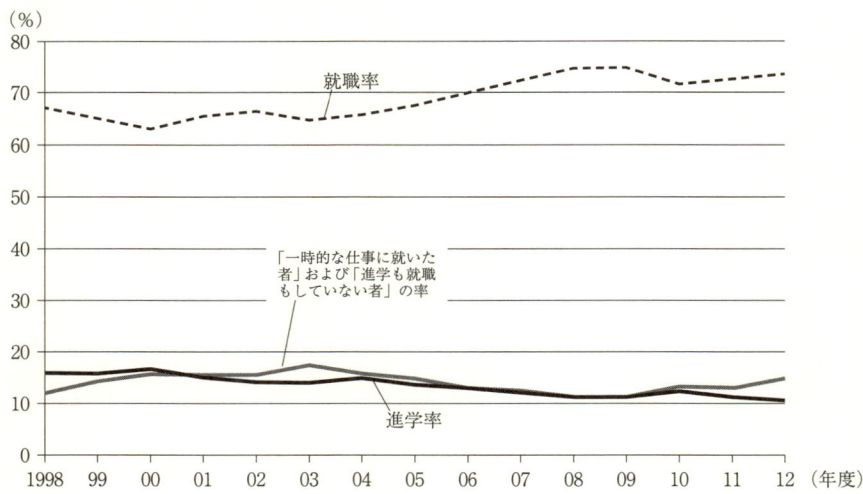

図3　修士課程修了者の進路状況

注：就職率は，卒業者・修了者のうち就職者総数の占める比率。
出所：文部科学省『学校基本調査報告書』各年度版より作成。

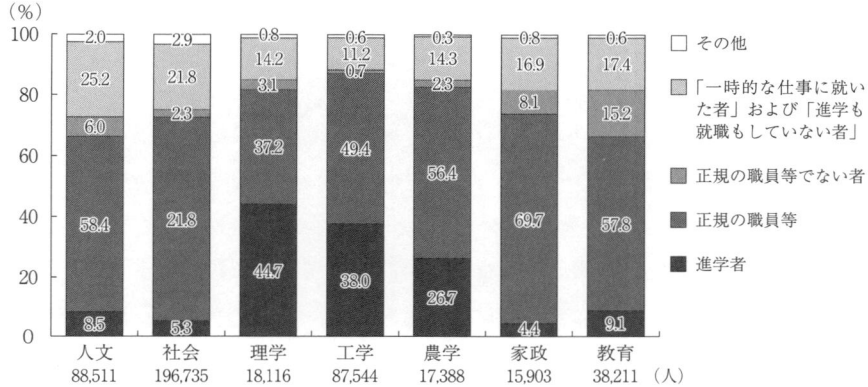

図4　分野別の学部卒業者の進路状況（2011年3月卒業者）

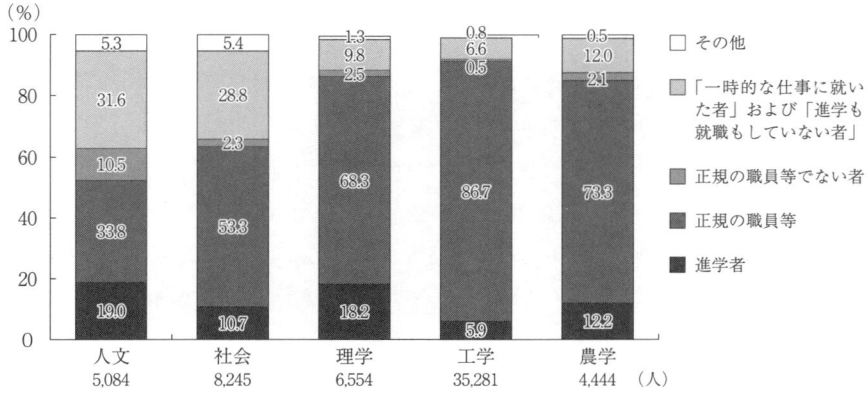

図5　専攻分野別の修士課程修了者の進路状況（2011年3月修了者）

注1：各項目の数値は卒業者に対する比率である。
　2：端数を四捨五入しているため，各項目の計が100にならない場合がある。
　　　また，就職者には進学しかつ就職をした者を含むため，各項目の計が100を超える場合がある。
　3：教育分野の正規の職員等でない者には，教員の臨時的任用を含む。

修士課程の院生の就職については第Ⅱ部に譲りますが，大学院重点化によって副次的に生じた問題を1点のみ指摘します。それは，院生の文章作法に関わる問題です。就職が厳しいなかで，各自が修士論文の執筆を進めていくことになりますが，社会学者の佐藤郁哉も指摘するように，多様な背景をもつ院生が増加した今日においても，院生に対する文章面での指導態勢が整っていないことは問題であるといえるでしょう（「大学院の大衆化と社会学教育」，471ページ）。良質な修士論文がひとつでも多く提出されることが大学院教育の目的であるとすれば，院生が就職活動に費やす時間的・精神的負担を軽減させることが院生向けキャリア支援の目的のひとつになるでしょう。院生に対するきめ細やかな支援が求められるようになった背景には，こうした現実があるのです。

4　博士課程院生の就職問題

　本節からは博士課程の就職問題について考えてみましょう。まず修了者，なかでも単位修得退学者数の推移を見てみましょう。人文科学を例に取ると，1995年における退学率（博士課程修了者に対する単位修得退学者の占める割合）は81.5%，2004年には66.9%，2012年には65.6%と減少傾向にあります。社会科学でも，1995年の73.5%から2004年の58.5%，そして2012年には47.8%と大幅に退学率が減少してきました。ここから，在学中に博士論文を提出したうえで課程を修了する「課程博士」が増加傾向にあることが看取できます。人文科学ではいまだその割合が高いとはいえませんが，社会科学においてはすでに修了者の過半数が課程博士であり，明らかに就職予備軍のなかで「学歴インフレ」が加速しているのがわかります。

　それでは，大学教員市場がこうした「学歴インフレ」に呼応するかたちで成長しているのでしょうか。図6および図7からは，人文科学では専任教員数が2000年以降は横ばい傾向で，社会科学では一貫して増加していることがわかります。

　しかしながら，これらの図に見られる教員数の増加幅は，以下に述べるように博士の就職を約束してくれるわけではありません。たとえば，2013年度の

図6　男女別専任教員数（人文科学）

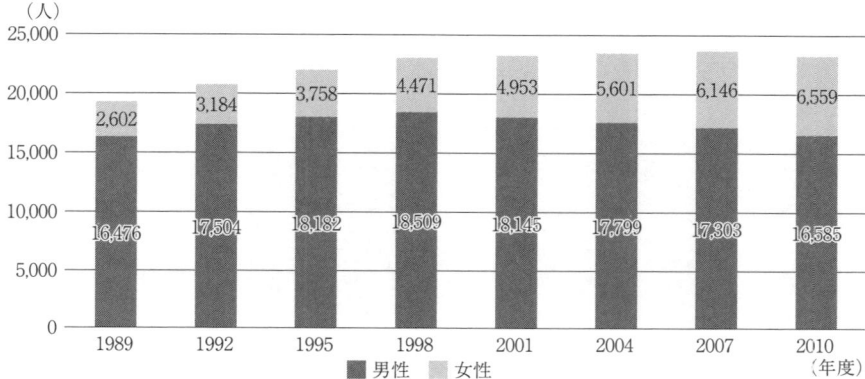

図7　男女別専任教員数（社会科学）

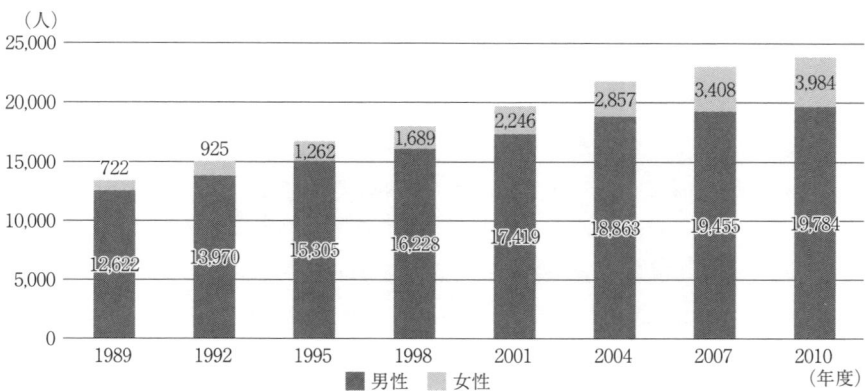

出所：文部科学省『学校教員統計調査報告書』各年度版より作成。

表1　2012年度博士課程修了者の進路

	就職者（人）		非正規雇用者の就職者に対する割合[B／(A+B)](%)
	A：正規の職員等	B：正規の職員等でない者	
人　文　科　学	218	178	44.9
文　学	28	32	53.3
史　学	28	22	44.0
哲　学	33	20	37.7
その他	129	104	44.6
社　会　科　学	494	119	19.4
法学・政治学	83	26	23.9
商学・経済学	224	53	19.1
社会学	62	15	19.5
その他	125	25	16.7

出所：文部科学省『学校基本調査報告書』2012年度版より作成。

『学校基本調査報告書』（速報値）によると，「就職者」は人文科学で32.4%，社会科学で49.6%でした。その一方で，就職目標未達成者（『学校基本調査報告書』では「無業者」と分類）ならびに進路把握が不可能な者（「不詳・死亡の者」と分類）は人文科学で50.9%，社会科学で42.1%となっています。

　さらに，上記の「就職者」の内訳を正規雇用と非正規雇用の別で見てみましょう。表1は2012年度のデータですが，非正規雇用にある者は人文科学では44.9%，社会科学では19.4%となっています。うち，人文科学では「哲学」の小分類において非正規雇用にある者がほかの分野よりも低くなっていますが，これは同カテゴリーに心理学が含まれているからだと考えられます。同じく，社会科学においても「商学・経済学」のほかに「社会学」もその値が低くなっていますが，これは同小分類に大学教員としての就職が他分野に比べてよい社会福祉学が含まれていることに留意する必要があります。

　以上から，人文科学，社会科学の双方において大学教員としての就職がいかに厳しいのかが理解できたと思います。とはいえ，表1の解釈には2点の注意が必要です。いずれもこれらの資料のもとになる『学校基本調査報告書』のデータ収集に関わるものです。そのひとつは，卒業・修了後の状況調査で区分さ

れる「博士課程修了者」のカテゴリーには，博士号取得者のみならず，「所定の年限以上在学し，所定の単位を修得したが博士の学位を取得しなかった者」を定義する「満期退学者」も便宜的に含めて計上されている点です（齋藤経史ほか『博士課程修了者の状況把握のシステム設計』，16ページ）。人文・社会科学部門では満期退学者の割合が高いことから，若手研究者の進路把握は困難といえます（同，17ページ）。

いまひとつは，卒業・修了後の状況調査は原則として卒業・修了生本人の自己申告を集計して『学校基本調査報告書』に回答している点です。申告のタイミングも「修了直後」であることから，進路状況の正確な把握が困難であるといえます。たとえば，2010年11月に「博士課程修了者の進路実態に関する調査研究」と題した調査を実施した株式会社日本総合研究所によると，同年5月（『学校基本調査報告書』の調査時点）において60.4%であった「就職者」（雇用期間が1年以上および継続により1年以上雇用されることが確実なフルタイム勤労者）の比率が，11月には69.2%であったことがわかりました（前掲書，20ページ）。

次節では，ポストドクター（以下，ポスドク）の現状に着目し，博士課程修了者の多くが直面する就職問題を析出します。

5　ポストドクターをとりまく問題

大学院が拡充することによって，若手研究者の就職難が深刻化したことは，前節で論じたとおりです。こうしたなかで，1996年7月に「科学技術基本計画」について閣議決定がおこなわれましたが，そこでは，博士課程修了者の就職難解消に向けたいわゆる「ポストドクター等1万人支援計画」が掲げられました。その目標達成期限の1年前である1999年には，すでにポスドクの数が1万人を超え，大学教員市場での任期付き雇用が多くの博士課程修了者の新しい受け皿になったわけです。たとえば，2009年11月に在籍していた「ポストドクター等」の分野内訳を見ると，理学がもっとも多く31%（4754人）を占め，工学の28%（4267人）が次いでいます。人文・社会科学は14%（2133人），医学・

図8 ポストドクター等の専門分野(2009年11月)

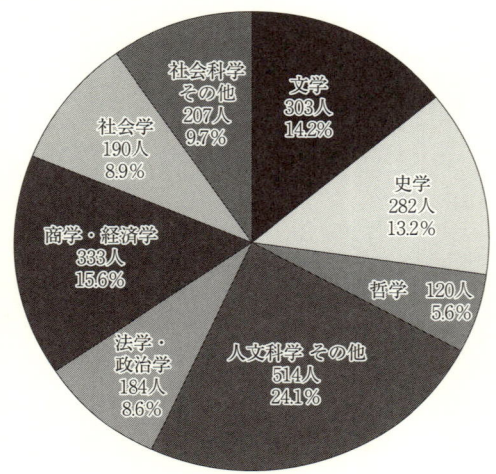

出所:齋藤経史ほか『ポストドクター等の雇用・進路に関する調査』,本編-8ページ。

　薬学・看護学などからなる保健は14%(2107人),農学は11%(1641人)となっています。うち,人文・社会科学内でのポスドクの内訳は図8のとおりです。
　さらに,「科学技術基本計画」のもとで時限付き研究組織や運営委託型研究組織,流動的研究組織やプロジェクト研究など,永続性のない多様な組織が多数設置されました(加藤毅「融化する若手大学教授市場」,296ページ)。この点がもたらす弊害について,文部科学省科学技術政策研究所は2009年度にポスドクの雇用財源に関する分野横断的な調査を(図9),株式会社日本総合研究所は2002年度に博士課程を修了した研究者たちに対して進路動向調査を実施しました(表2,24ページ参照)。以下,それぞれについて検討してみましょう。
　図9は日本国内の大学・公的研究機関に在籍するポスドク等の雇用財源を示したものです(1182機関,回収率100%)。ここでは便宜上,人文・社会科学のデータを抜き出し,全分野のデータと比較します。この図からは,人文・社会科学系のポスドクはおおむね競争的資金以外の外部資金や大学の自主財源による雇用に頼ることができず,学振の特別研究員制度をはじめとした競争率の高いフェローシップなどを獲得しなければ雇用関係にない無給の研究員になる可能性が高いことが読み取れます。

図9 ポストドクターのおもな雇用財源（2009年度）

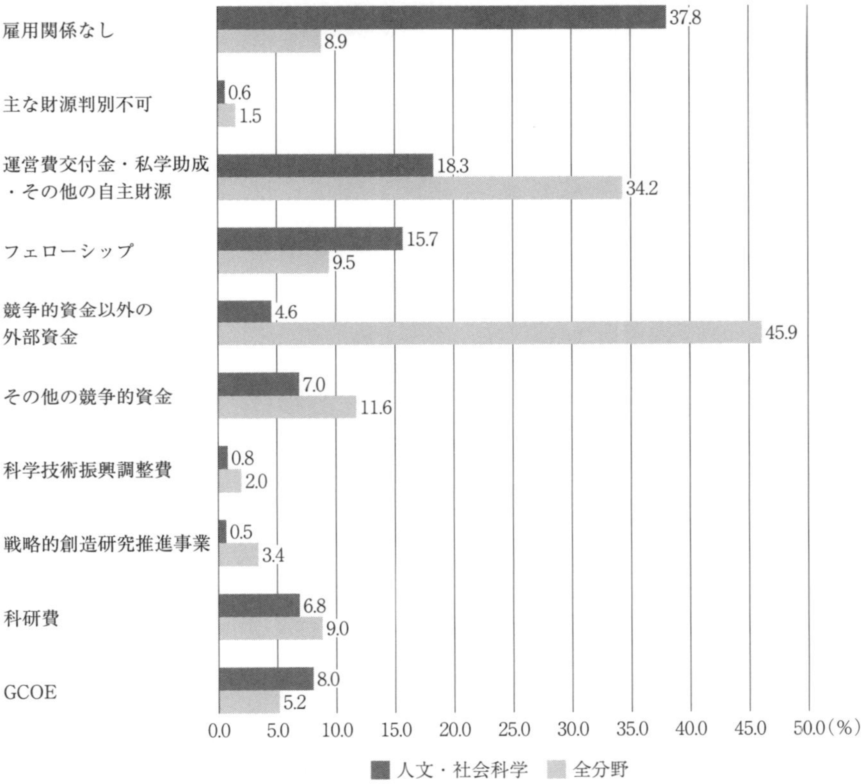

項目	人文・社会科学	全分野
雇用関係なし	37.8	8.9
主な財源判別不可	0.6	1.5
運営費交付金・私学助成・その他の自主財源	18.3	34.2
フェローシップ	15.7	9.5
競争的資金以外の外部資金	4.6	45.9
その他の競争的資金	7.0	11.6
科学技術振興調整費	0.8	2.0
戦略的創造研究推進事業	0.5	3.4
科研費	6.8	9.0
GCOE	8.0	5.2

注：「全分野」には人文・社会科学分野も含まれる。GCOEは「グローバル COE」の略。COE（center of excellence）は特定分野に集中して高度な研究活動をおこない，人材および産業創出・育成の中核となる研究拠点を指す。

出所：齋藤経史ほか『ポストドクター等の雇用・進路に関する調査』，本編－10ページより作成。

　表2で着目すべきは，博士課程修了者・中退者を対象とした進路調査の困難だけでなく，なぜポスドクや非常勤講師，外部資金を受けたプロジェクト等により間接雇用される特任教員を5年ないしはそれ以上継続する研究者たちが一定の割合存在するのかという点です。この点は，人文科学での若手研究者問題に特化した考察をおこなった菊池信彦も指摘するように，非常勤講師等から専任教員へと移行するまでの期間が長期化している点，そしてその間不安定な地位にありながら研究業績を上げなければならない若手研究者の現状を示してい

表2　博士課程修了者の修了直後・修了5年後の職業　　　　　　　　　　（単位：人）

修了直後の職 ＼ 2008年4月（修了5年後）の職業	ポストドクター等	大学教員（専任：助手～教授）	大学教員（特任，非常勤講師，職階不明）	その他の研究開発職	医師，歯科医，獣医師，薬剤師	専門知識を要する職	その他	2008年4月の職業不明	2008年4月（修了5年後）の職業合計
ポストドクター等	439	449	50	201	37	34	42	651	1,903
大学教員（専任：助手～教授）	14	944	29	23	106	13	24	409	1,562
大学教員（特任，非常勤講師，職階不明）	15	171	299	26	36	9	17	411	984
その他の研究開発職	20	142	31	990	22	16	25	830	2,076
医師，歯科医，獣医師，薬剤師	9	148	13	16	1,146	1	19	518	1,870
専門知識を要する職	1	40	5	2	0	212	14	177	451
その他	28	128	26	59	43	26	254	650	1,214
修了直後の職業不明	45	175	84	64	49	34	54	3,147	3,652
修了直後の職業合計	571	2,197	537	1,381	1,439	345	449	6,793	13,712

注：博士課程修了者には便宜的に満期退学者を含めている。
出所：齋藤経史ほか『博士課程修了者の状況把握のシステム設計』，29ページ。

るといえるでしょう。菊池は，人文科学系の博士課程を修了または単位修得退学直後に非常勤講師となった場合，その後5年を経過してもなお66％の研究者が同じ地位にとどまっている点を指摘しています（「若手研究者問題と大学図書館界」，15ページ）。

　常勤職従事層のうち若手研究者の占める層が薄くなってきている事実は，日本の大学での専任教員の平均年齢の推移からも看取できます。1989年度ならびに2010年度版の『学校教員統計調査報告書』によると，1989年には人文科学で49.4歳，社会科学で49.0歳であった平均年齢が，2010年には人文科学で51.9歳，社会科学で51.4歳と，それぞれ2.5歳，2.4歳増加しています。

　ポスドク問題が深化するなかで近年，若手研究者のキャリアパスの多様化が叫ばれています。その一端として，科学技術振興機構は「イノベーション創出若手研究人材養成」（2008～2010年度）を，文部科学省は「ポストドクター・キ

ャリア開発事業」（2011～2015年度，初年度の名称は「ポストドクター・インターンシップ推進事業」）を展開し，複数の大学を拠点に博士号取得者に対して民間企業・公的機関・非営利組織などでの3カ月以上のインターンシップを進めてきました（http://www.jst.go.jp/phd-career/）。これらは緒についたばかりで成果は未知数ですが，非研究職での博士号の価値を顕在化させるという意味で，遅ればせながらも有意義な取り組みであるといえるでしょう。

6 ｜ 変革を余儀なくされる大学院

　1991年に始まる大学院重点化政策は各主要国公立大学に大学院の定員，とくに修士課程の定員充足を迫り，また2004年の国立大学の法人化，同年以降の公立大学の法人化は大学教員の非正規雇用化をもたらしました。その結果，専任教員の側にも教育や管理運営業務の負担が増してきました。研究指導を担当しなければならない院生の絶対数の増加や，従来の院生とは異なる意識や動機をもつ院生の増加により，院生の不適応やハラスメント問題を生みだす素地がつくりだされている点も報告されています（佐藤純・杉江征「学生との面接から見える国立大学法人化」）。そして社会貢献面での高い評価基準が設けられることで，研究・進路指導がますます困難になっていることも指摘されています（竹村喜一郎「法人化と比較文化学類の教育」，天野郁夫『国立大学・法人化の行方』）。

　近年ではこうした傾向を敏感に察知し，早期に大学教授職への道に見切りをつけて，ノン・アカデミック・キャリアを歩む院生も増えてきました。この点に関して，科学哲学者の野家啓一は以下のように述べています。

> 法人化といっても，学生にはまだ顕著な変化はありません。ただ，僕が関わっている哲学分野で言うと，優秀な学生が大学院に残らなくなった。残りたがらなくなったと言った方がいいかもしれません。いい卒業論文を書いても，見切りをつけてさっさと就職してしまう。つまり，大学院まで進んでも，ポストが減っていますから，アカデミックなキャリアを積んでも先が見えない。（「国立大学法人化のジレンマ」，73～74ページ）

研究者としての可能性を秘め，その志が高い学生が大学教員市場の外で活路を見いだすことは，人生設計の点から見て至極合理的な選択ですし，なによりも社会に多様な価値観を醸成しうるでしょう。大学教員市場の需給間のアンバランスに関して，教育社会学者の潮木守一は，「ますます多くの頭脳と情熱と青春が失われようとしている。［中略］ただちに博士課程の募集を一時停止してでも，全国の博士課程をもつ大学を中心に，さらには全大学をふくめて，今後の大学教員養成の制度設計を見直す必要がある」と述べています（『職業としての大学教授』，3ページ）。潮木の提言は大学院の制度のみならず，大学院教育に対しても重い問いを投げかけています。おそらく，大学院教育に求められるのは，院生の研究能力を見極め，それに応じて多様な進路の選択肢を示すことができる体制づくりでしょう。その一方で，さらなる縮小が免れないなかでの「知の共同体」の維持に向けた後進育成も重要です。

　以上の問題関心に立脚し，本書の第Ⅰ部では新しい教育・研究環境，そしてますます狭き門となる大学教員市場のなかで，研究者としての地歩を築くためのささやかな提言をおこないたいと思います。第Ⅱ部では，修士課程での学修・研究活動をつうじて，就職活動やその後の職業人生に必要な力がどのように培われるのかについて考察します。とくに，進路選択・就職活動・就労の場面で大学院での研究活動が活かされている事例を提示し，院生が研究と就職を有機的につなげるための提言をおこないます。

I

大学教員としての就職

第1章
大学教員として就職するために

1 なにが求められているのか

　大学教員としての就職において，人文・社会科学では一定数以上の査読付き論文のほかに，分野によっては単著を出版しなければ書類選考にも通過しないという現実が語られるようになってきました。アカデミック・キャリア形成については，就職に必要なネットワーク構築を見据えた，指導教員やほかの研究者との人間関係を強調する指南本もあります（水月昭道『アカデミア・サバイバル』）。しかしながら，就職活動のスタートラインに立つためには，書類選考の際に「足切り」されないだけの十分な研究業績が必要であることをまず確認しておきます。

　そのうえで本章では，日本で大学教員になるための資質を十分に兼ね備えた研究者たるには，どのような心構えと研鑽が必要なのかについて論じます。したがって，どうすれば大学教員になれるのかを論じることは本章の射程外になります。

　ところで大学教員，ないしは職業としての大学教員職はどのような特徴をもつのでしょう。教育社会学者の有本章によれば，「大学に奉職し，専門分野を専攻し，学術活動に携わり，固有の文化を擁している教授，准教授，講師，助教の総称」であり，長期の教育歴，学識，学問の自由，職業倫理，社会的権威，高い学問的生産性を特色とします。そして大学教員の使命は，個々の細分化された分野において研究，教育，サービス，管理運営などの役割を果たし，学問発展ひいては社会発展に貢献することです（『変貌する日本の大学教授職』，14〜15ページ）。

　したがって，大学教員に求められる資質であり，学問の根幹でもある学識と高い学問的生産性は，マックス・ヴェーバーが「いやしくも学問を天職と考え

る青年は，かれの使命が一種の二重性をもつことを知っているべきである。というのは，かれは学者としての資格ばかりでなく，教師としての資格をももつべきだからである。このふたつの資格は，けっしてつねに合致するものではない」と述べたことに一致します（『職業としての学問』，18ページ）。そして，このことは大学教員市場での「生き残り」を賭して研究業績を向上させること，つまり"publish or perish"（業績を上げよ，さもなくば去れ）がアカデミック・キャリア形成の至上命題とされることにもつながります。採用後も学術界の第一線での活躍が期待される研究大学であれ，教育や学生支援に業務上の比重が置かれる多くの私立大学や地方大学であれ，「きちんと仕事をしている」ことの証明として，また高等教育機関としての体面上，研究業績が求められるわけです。

　しかしながら，有本が指摘する大学教授職の別の側面である教育やサービス，管理運営は，従来に増してその役割が強調されています。その背景には，2004年の国立大学，および同年以降の公立大学の法人化，政府からの運営費交付金の削減，そして少子化によって大学の運営が厳しくなっていることがあります。さらに「大学全入時代」と揶揄されるように，私立大学をはじめとした多くの大学で学生の基礎学力が低下傾向にあることから，教育上の工夫や学生支援がこれまでになく求められるようになってきました。

　先進諸国を中心に1990年代から推進されてきた一連の高等教育改革は，大学教員の研究面のみならず教育面でのパフォーマンスを数値化したうえで，そのデータを再任や昇進の判断材料とし，さらに大学全体としての教育・研究達成度をもとに国の予算配分を決定する新経営管理主義（new public management）をもたらしました。グローバルな競争が激化するなかで，科学技術の推進と高度人材の育成，そしてそれを支える大学改革がセットとなり，国家レベルでは市場原理にもとづく高等教育政策が進められています。また，大学レベルでは国からの予算削減や少子化にともなう自己収入減なども受け，任期制の導入や非常勤講師による授業科目の代替などが図られてきました。

　その意味で，「教務・研究・大学運営業務」が三位一体となる大学教員職は，業務量が増える傾向にあります。少子化に悩む多くの大学も，企業と同様に経営面での不確実性を抱えています。この点に関して，経済学者の松井彰彦

は，国立大学ではその基盤的財源である運営費交付金が2004年以降，毎年1％ずつ自動的に削減されており，その代わりに各大学が獲得を推奨されている時限付きの競争的資金獲得では常勤の教職員を雇うことができない現実を指摘しています。さらに，私立大学の多くは非常勤講師を数多く抱えており，結果，不安定就労層に厚みが増し，その多くを占める若手研究者たちが人生設計（結婚や育児）に苦慮する現実にも触れています（「改正労働契約法 「身分差」埋める努力を」）。こうした現状は，松井が指摘するように，「手厚く保護された」正規雇用の大学教員のほうにも重くのしかかっています。例を挙げるならば，大学の教育改革の旗印のもとで文部科学省をはじめとした機関から教育・研究プロジェクトのための資金を獲得する業務が新たに付け加わったこと，そして大学教員の人事ではそのための効果的な文章を書ける人材も求められていることがあります。

　大学教員として採用されるためには，こうした要件を満たす人材たることが期待されます。高等教育における高度専門人材の商品化傾向に疑問を抱く読者も多いことでしょう。それでも大学は知を再生産していかねばなりません。知の発信に生きがいを感じる読者にあっては，こうした傾向を支える制度と思想をもうまく利用していっていただきたいと思います。

　以上から，大学教員としての就職がいかに魅力少なきキャリア選択であるかが再確認できたと思います。実際，少子化や高等教育予算の逼迫による大学教員職への需要減，そして大学院重点化政策以降の若手研究者の供給増のなかで，博士号取得者・博士課程中途退学者に対するキャリアパスの複線化支援が叫ばれています。博士課程修了者を対象に，企業や公的機関，非営利組織などでの長期インターンシップを含むキャリア開発の機会を提供する取り組みも，近年ようやくなされるようになってきました。博士課程退学者・修了者やポスドクに対して，非研究職への道の開拓を支援する企業も出てきています。

　本章ではこうした状況のもとで，あえて自己を滅して研究という仕事に専心し，学問の進歩を希求する人のために，大学教員としての就職に対するささやかな提言をおこないます。次節以降では以下，一橋大学学生支援センター・キャリア支援室大学院部門で筆者が担ってきたアカデミック・キャリア支援，とくに博士課程での研究計画，助成金への応募書類作成，論文執筆の技法，英文

図1　不安解消へと進む博士課程

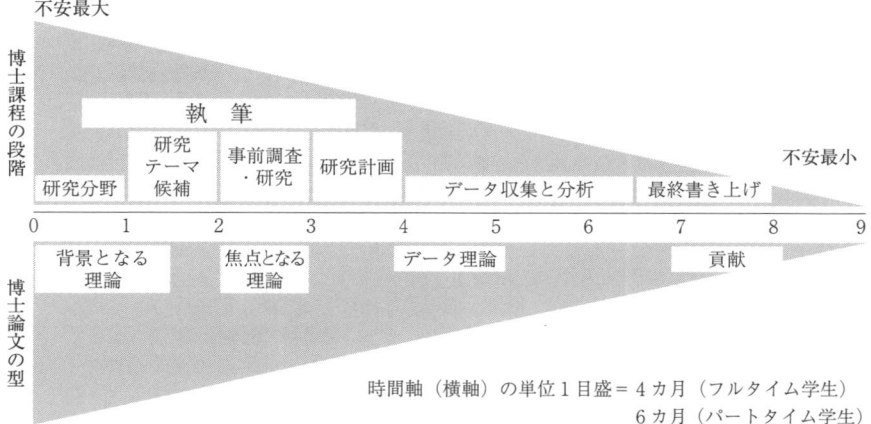

出所：フィリップス＆ピュー『博士号のとり方』，130ページを一部修正。

履歴書の作成，大学教員職への応募書類作成，教育技法などから見えてきた点にもとづき，大学教員としての就職とそれに至るまでの進路設計に重要なポイントを提起したいと思います。

2　修士・博士論文の構想

　修士課程や博士課程での研究構想を指南する書籍はいくつかありますが，ここではまず，英国や豪州を中心とした英語圏で定評があり，かつ邦訳もされている『博士号のとり方』（フィリップス＆ピュー著）を吟味します。同書は，修業年限内に博士論文を提出することを前提としたうえで，フルタイム在籍者の場合は4カ月単位，パートタイム在籍者の場合には半年単位での研究計画のモデルを図1のように提示しています。

　この図は著者らも留保するように，あくまでひな型です。この図に従えば，博士課程の初期段階では長期的なスパンで取り組めるような研究分野の確認がなされます。次に，学問的価値と実現可能性がある研究を考案するにあたり，2～3の研究テーマの候補を挙げ，それぞれについて数ページの研究計画を書

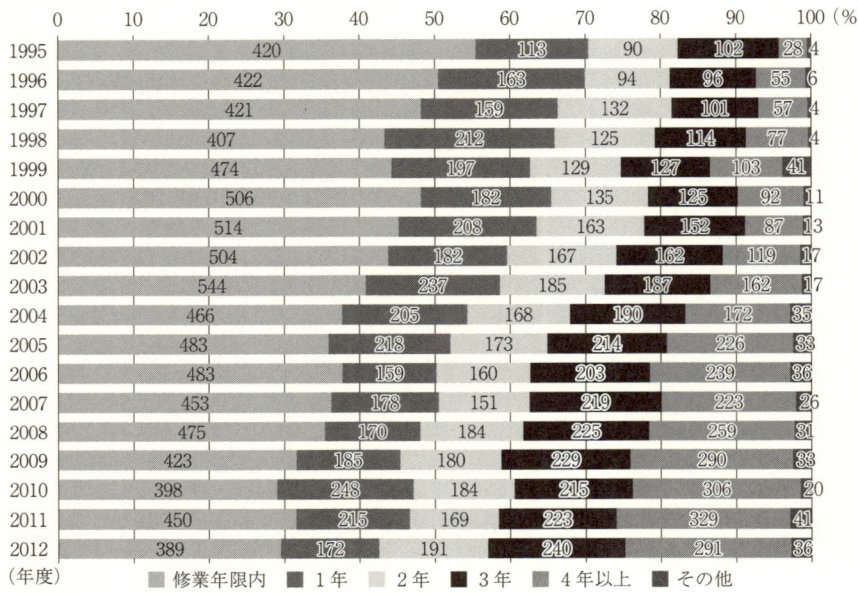

図2 博士課程修了に要した超過年数（人文科学）

注：本大分類に含まれる「中分類」の分野は文学，史学，哲学，その他である。
出所：文部科学省『学校基本調査報告書』各年度版より作成。

くことになります。そして，実証研究の場合には，その実現可能性を見極めるための調査・研究手法やデータ収集の手順に関する確認がなされます。そこから調査設計も含む学位論文計画書の作成に移り，データ収集と分析を経て，最終的な執筆段階に入るという流れになります。

しかしながら，「学生と指導教官のための実践ハンドブック」という同書の副題からも示唆されるように，英国では博士課程の指導においてチュートリアルの伝統があることに着目する必要があります。それはつまり，最低でも月1回の指導教員との会合が義務づけられ，そのつど院生が受けた研究指導の要点と改善点をまとめ，それを指導教員と共有するような制度のことです。当然のことながら，各段階での目標は博士論文の執筆にあります。

日本の人文・社会科学系の院生の多くは修業年限を超えて博士課程に在籍しており，本章でもこの事実を前提に議論を進めます。図2と図3は人文科学と社会科学それぞれでの大学院博士課程での平均在学年数とその推移を示してい

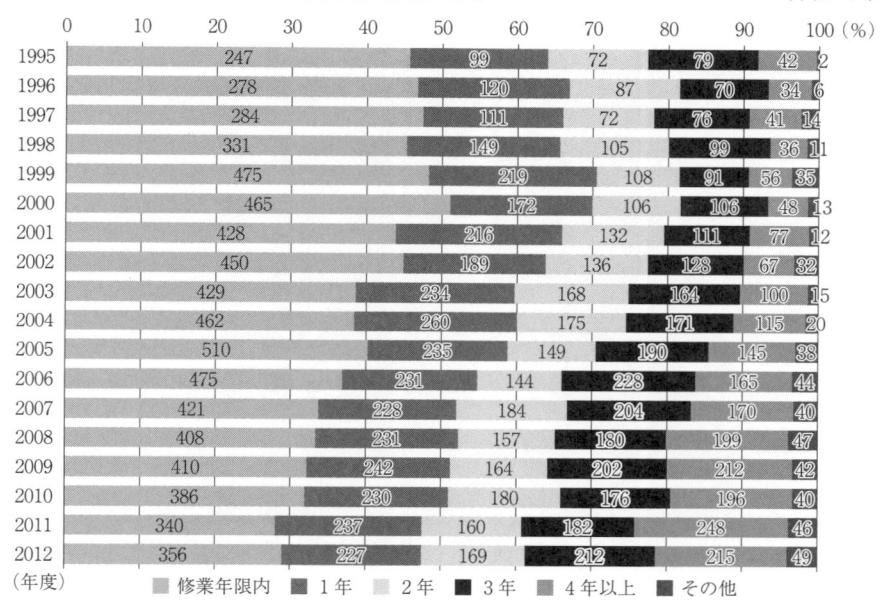

図3 博士課程修了に要した超過年数（社会科学） （単位：人）

年度	修業年限内	1年	2年	3年	4年以上	その他
1995	247	99	72	79	42	2
1996	278	120	87	70	34	6
1997	284	111	72	76	41	14
1998	331	149	105	99	36	11
1999	475	219	108	91	56	35
2000	465	172	106	106	48	13
2001	428	216	132	111	77	12
2002	450	189	136	128	67	32
2003	429	234	168	164	100	15
2004	462	260	175	171	115	20
2005	510	235	149	190	145	38
2006	475	231	144	228	165	44
2007	421	228	184	204	170	40
2008	408	231	157	180	199	47
2009	410	242	164	202	212	42
2010	386	230	180	176	196	40
2011	340	237	160	182	248	46
2012	356	227	169	212	215	49

注：本大分類に含まれる「中分類」の分野は法学・政治学，商学・経済学，社会学，その他である。
出所：文部科学省『学校基本調査報告書』各年度版より作成。

ます。これらの図からは，両分野とも修業年限内で博士課程を修了した者の割合が，過去においてより高かったことが読み取れますが，「修業年限内」カテゴリーには，修了に必要な単位を修得したうえで博士課程を退学した，いわゆる「単位修得（満期）退学者」が多数含まれます。これらの図のもとになる『学校基本調査報告書』が博士課程単位修得退学者を含めている背景には，かつては博士号を取得せずに大学教員として就職する院生が多数派を占めていたことがあるでしょう。

　次に，人文科学と社会科学それぞれを構成する分野を比較してみましょう。図4（次ページ）からは，人文科学では「哲学」，社会科学では「商学・経済学」での修業年限内の修了者が多いことがわかります。「哲学」は一般的に就職が厳しく，博士論文執筆にも長い期間を費やすと考えられています。しかしながら，序章でも触れたように，このカテゴリーには心理学が含まれています。心理学では実験をベースにしたデータ収集，論文の共同執筆，英語での研

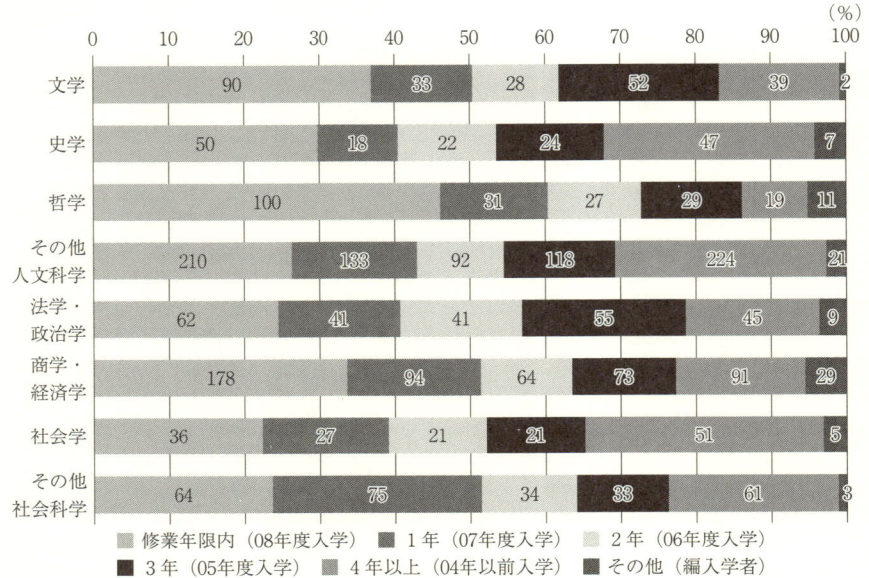

図4 博士課程に要した経過年数（個別分野，2011年度修了者）　　（単位：人）

分野	修業年限内(08年度入学)	1年(07年度入学)	2年(06年度入学)	3年(05年度入学)	4年以上(04年以前入学)	その他(編入学者)
文学	90	33	28	52	39	2
史学	50	18	22	24	47	7
哲学	100	31	27	29	19	11
その他人文科学	210	133	92	118	224	21
法学・政治学	62	41	41	55	45	9
商学・経済学	178	94	64	73	91	29
社会学	36	27	21	21	51	5
その他社会科学	64	75	34	33	61	3

注：「文学」には外国語教育や言語学・言語文化も含まれる。「史学」には地理学も含まれる。「哲学」には倫理学，宗教学，心理学も含まれる。「その他人文科学」には人類学，図書館情報学，コミュニケーション論なども含まれる。「社会学」には社会福祉学が，「その他社会科学」には多種多様な学際的領域が含まれる。

出所：文部科学省『学校基本調査報告書』2011年度版より作成。

究発表という面で自然科学の研究様式に近似する領域が多いことが，博士論文の比較的早期の提出につながっていると考えられます。英語での研究発表や修業年限内での博士論文提出が規範となっている点は，経済学，とくに近代経済学とそれに基礎を置く諸領域にも当てはまります。

その一方で，歴史学やその周辺領域では古文書や公文書の収集，人類学や地域研究では国内外での長期にわたるフィールドワークが博士論文に求められます。したがって，こうした諸活動に欠かせない古語や第二外国語は，学部卒業時までにマスターしていないかぎり，その習得に多大なる時間を要します。こうした分野ではおのずと博士課程の修業年限が長くなる傾向があります。こうした意味では，『博士号のとり方』で提示されるモデルは各分野の研究様式の違いを鑑みれば，限定的であるといえるでしょう。

さらに博士課程での研究活動も，大学院教育のあり方によって国ごとに異な

ります。日本，そして日本の政策立案者や大学関係者が好んで手本にする米国には，オーバードクター（いわゆる"tenured graduate students"）が数多く存在します。筆者が英国で博士研究員を務めていた際に，ある教授が「米国の院生は7～8年もかけて博論を書くようだけど，それだけ長い間同じテーマで研究してよくも飽きないもんだ」といっていたのを覚えています。

しかしながら，その過程では博士課程の前半でのコースワーク，学会報告や院生部会の管理運営，学術誌への論文投稿や書籍の分担執筆，書評の執筆が活動に含まれます。また，伝統的に米国では博士論文の出版，とくに大学出版会（university press）から出版することが優れた研究であると見なされており，この点は博士論文を公刊する若手研究者が少なからず存在する日本にも当てはまるでしょう。それに対して，修士課程が1年の英国では，博士課程の院生は「ひよっ子（academic babe）」と見なされており，指導教員と院生とが定期的にもつ会合を通じて質の高い博士論文執筆が図られます。一般的には，博士論文提出後に人文科学・芸術研究協議会（Arts and Humanities Research Council）や経済・社会研究協議会（Economic and Social Research Council）のポスドク，ないしは大学教員による研究プロジェクトの予算で研究員として雇用され，その間に定評のある学術誌に複数の論文を投稿するという戦略がとられます。そして，こうした研究員としての採用は，研究業績よりも研究計画書の質に重きを置く傾向にあります。

ひるがえって，日本ではポスドクを含む研究職に就くための条件として，博士号に加えて専門分野での多くの投稿論文が求められます。したがって，ここでは博士号の取得ではなく，大学教員としての就職をにらんだ博士課程での研究構想に必要な「あたりまえ」の留意事項を列挙します。

まず，大学院入学に際しては，以下に留意するとよいでしょう。

◎志望する研究科・専攻からどれだけの研究者が輩出してきたのかを確認しましょう。日本の大学院でも，博士論文一覧や各論文の要旨と審査要旨をウェブサイトに公開する研究科や専攻が数多くあります。
◎研究指導を仰ぎたい教員には受験前に，できれば余裕をもって連絡を取りましょう。当該教員への訪問の際に，修士・博士課程在籍者を紹介しても

らい，大学院での研究環境などを尋ねてみるのも一案でしょう。当然ですが，こうした訪問が入試の合否を左右しないことにも留意してください。
◎研究指導を受けたい教員が執筆した論文や書籍にも目を通してください。その際に，謝辞やあとがきにも着目するとよいでしょう。そこから当該教員と院生やポスドクとの関係性が垣間見えることがあります。また，こうした論文などが単著なのか，自身の院生や OB・OG と共同でおこなった研究プロジェクトの成果として発表されたのかを確認することで，当該教員の研究指導のスタイルも見えてくるでしょう。

次に，修士論文や博士論文執筆の構想について触れます。まず，各論文の執筆にどの程度の期間を要するのかについては，研究分野によって大きく異なりますし，修士論文の発展型として博士論文を執筆するのか，それとも修士論文とは別のテーマで博士論文を執筆するのかによっても変わってきます。いずれにせよ，修士論文をベースに最低 1 本，できれば 2 本の投稿論文の執筆をめざしましょう。また，学術誌論文・モノグラフ・学位論文とそれぞれ異なる構成にも慣れておく必要があります。そのためには，以下の諸点が肝要です。

◎学界で活躍する研究者による修士論文や博士論文を図書館で閲覧すること。
◎学術誌，とくに査読付きの媒体に掲載された論文を多読すること。
◎その際に，博士課程の院生の手による論文にも目を通すこと。修士論文をベースにした論文もあり，それらを通じてよき修士論文に求められる水準を知ることができるでしょう。

博士論文は近年，日本の各大学が機関リポジトリを通じてオンライン公開しているため，その入手が比較的容易になったといえます。海外では，たとえば大英図書館（British Library）が "EthOS: Electronic Theses Online Service" を通じて英国の大学に提出された博士論文の多くを無料配布（電子ファイルのみ）ないしはオンデマンドにて提供しています。北米の大学に提出された修士論文や博士論文は，ProQuest Theses and Dissertations 社などを通じて購入するのが一

般的ですが，日本には同社と契約している大学の附属図書館が数多くあります。

　博士論文の閲覧が重要であることのもうひとつの理由は，リポジトリが整備されている先進国，とりわけ英語圏に限定されるものの，留学をする際の参考になるからです。現在は博士論文のパブリック・アクセスの整備によって，どの大学で，どのような水準の論文が学位論文として認められたのかがわかるようになっています（上野千鶴子「グローバリゼーションと日本の社会学教育」，533ページ）。

　しかしながら，修士論文については博士論文に比べての学術的価値の面からも，一般的に流通がなされていないのが現状です。その場合，当該修士論文が提出された大学の附属図書館などに文献複写の依頼をしたり，実際に訪れて（閉架の場合が多いので事前確認を）閲覧したりする方法もあります。また，なかには博士課程1年次の学生たちに修士論文を発表するためのフォーラムを開催する学会も複数あるので，そのような場に参加するのもよいでしょう。

3　論文の投稿

　本節では博士後期課程在学中におこなう諸活動のうち，投稿論文の執筆について若干の論考を示したいと思います。フィリップスとピューは博士論文を執筆する前の投稿論文の執筆のメリットとデメリットついて，次のように述べています。

> 学術誌での論文の出版は，おまけのボーナスみたいなものである。ただ，論文を出版することは，論文を書くというプロとしての重要な経験を積むとともに，早い段階で出版物として学術界に業績と名を刻むことでもある。（『博士号のとり方』，112ページ）

　しかしながら，彼らは投稿論文を書くことが眼前にある博士論文執筆の義務から逃れる手段となってしまうことや，博士論文の「4つの型」——背景とな

る理論，焦点となる理論，データ理論，貢献——がぼやけてしまう点に対して注意を喚起しています（同，112～113ページ）。博士論文の執筆には，長期的な研究の構想力と集中力が求められるからです。そのうえで，博士号を「課題を説明し，その結果，首尾一貫した切り口で結果を提示すること」，そして「必要な思考のプロセスを発展させること」ができる証明であるとしています。

　　出版に取り組むには，原稿を書くことをプロとして割り切り，時間がかかり過ぎず，査読つきで，博士論文の執筆にも関係するものである必要がある。しかし，原稿を書くことが際限なく続き，出版に値する水準に達せず，常にさらなる時間と労力が必要となるのであれば，原稿を書くことは博士論文の完成から学生を引き離す結果にしかならない。（同，112ページ）

　とはいえ，「博士号の取得」に照準を合わせた彼らの見解と日本の院生をとりまく制度的現実とは乖離があります。ひとつは，教育学者の福留東土が指摘するように，人文・社会科学系の大学院では通常1本以上の査読付き論文の刊行が博士論文，または学位論文計画書の提出要件となるケースが多いことです（「人文・社会科学系大学院における研究者養成と博士学位」）。そしてより重要なのは，複数本の査読付き論文がないかぎり，博士号だけではアカデミアでの就職戦線に勝ち残れないという点です。
　その一方で，「博士号＝採用の必要条件」ではない専任教員人事もいまだ多く見られます。たとえば，「研究者人材データベース（JREC-IN）」に掲載される公募要領のなかで，「博士（後期）課程修了またはそれ以上の能力」を応募条件とするものを目にした読者も多いでしょう。ここで求められる「能力」とは，量・質ともに相応の研究業績（学術論文）を指していることはいうまでもありません。とりわけ「学歴インフレ」が進行する昨今においては，博士号が大学教員市場に参入するためのライセンスとして位置づけられています。したがって，博士号未取得者には数多くの研究業績が求められますが，こうした研究者が大学教員として就職を果たしているのも事実です。
　一方，逆説的ですが，国公立大学を中心に，非常勤講師として採用される場合には博士号が必須要件となりつつあります。公募の場合を除き，ほかの研究

表1 学術誌のタイプ

	学術誌の種類	査読	投稿有資格者
国内	学協会等が刊行する雑誌	あり	会員限定／開放
	大学（部局）等が刊行する雑誌（いわゆる紀要）	あり	内部限定／開放
	院生組織（出身院生含む）が自主刊行する雑誌	あり	会員限定が多い
	研究機関等が刊行する雑誌	あり	公募／非公募
	商業誌（出版社が刊行する雑誌）	なし	非公募が一般的
海外	学協会が刊行する雑誌	あり	会員に限定せず公募することが多い
	商業誌（出版社が刊行する雑誌）	あり	公募

注：「海外」には各国内ベースの雑誌と国際雑誌の双方を含む。
出所：町村敬志「「学術雑誌をつくる」立場から論文執筆・投稿の勘所を考える」より作成。

者からの紹介による非常勤講師の人事は，面接や模擬授業，代表的著作の提出（通常3～5点）といった時間と労力がかかる選考をともなわないのがその理由です。

また，日本学生支援機構の大学院第一種奨学金の受給者にとって，学術誌への論文掲載は「特に優れた業績による大学院第一種奨学生返還免除の認定」（減免ないしは全免）を受けるうえで重要です。

それでは，学術誌にはどのようなものがあり，投稿から採択に至るまでの道のりはどのようになっているのでしょうか。ここでは，社会学者の町村敬志による分類を見てみましょう（表1）。

表1に見られるように，学協会（学会）の機関誌の場合には，日本では会員に投稿資格が限定されている場合がほとんどです。それに対し，海外の学術誌は，学会の機関誌であれ投稿資格を会員のみに限定しないのが特徴です。

大学や部局，ないしは院生組織が自主刊行する雑誌に論文を執筆する院生も多いと思います。原稿が採択される可能性が高いことから，おもに博士課程1年次に初めて論文を投稿する際に利用する院生が多いようです。また，院生組織が刊行する紀要の場合には，学会誌をはじめとした媒体で「ボツ」になった原稿を再投稿する院生も見られます。

いずれにせよ，研究者としての地歩を築くには，各分野で中核的な役割を担う学術誌に投稿するのがよいでしょう。たとえば，筆者の専門領域では日本社

会学会の『社会学評論』がこれに該当します。当学術誌の投稿動向と査読動向を分析した齋藤圭介によると，2001〜2010年の投稿者のうち63.3%を院生と日本学術振興会の特別研究員が占め，同カテゴリーの掲載者が全掲載者に占める割合は69.2%と高くなっています（「データからみる『社会学評論』」，18〜20ページ）。

　海外ないしは国際的な学術誌への投稿にも触れたいと思います。心理学や地理学など自然科学にもまたがる分野や経済学などでは，英語での成果発信が課されてきました。こうした分野では，複数の研究者が共同報告や共著論文の執筆を通じて各自の「研究業績アップ」を図る例も多くあります。現在では，他の人文・社会科学の分野にも国際会議報告というかたちでこうした「英語化」の波が押し寄せてきています。それを制度的に支えるのが，トムソン・ロイター社（Thomson Reuters）による文献引用影響率（インパクトファクター）です。これは，自然科学176分野8281誌，社会科学56分野2943誌以上の学術文献データベースである"Web of Science"に収録の雑誌を対象にした評価指標のひとつです。この評価指標はトムソン・ロイター社の *Journal Citation Reports* にて提供され，毎年初夏に前年のインパクトファクター値が発表されます（http://ip-science.thomsonreuters.jp/mjl/criteria/）。そこでの格付けが高い国際学術雑誌に論文が掲載されることが，英語圏では就職の際に高く評価されるポイントですし，日本でも経済学を中心に参考にされています。

　しかしながら，こうした学術誌の格付けでは米英に拠点を置く学術誌が圧倒的優位にあります。ですので，手堅い論文が多く掲載されている学術誌が，「理論の生産地」の地位を確立しえなかった非英語圏や途上国で出版されている場合，その国際的なランキングも低く抑えられたままになります。また，国際学術誌に投稿することのリスクについても留意しなければなりません。そのひとつは，次章で扱いますが，査読が厳しく，掲載率が低いことです。いまひとつは，高額な投稿料を請求し，質が高いとはいえない論文を多数掲載し，欧米を拠点にすることを謳うオープンアクセスの国際誌が，途上国を中心に新しいビジネスになっていることです（Shubashree Desikan, "Fake open-access journals flourish in India: Science"）。

4　研究資金の調達

　次に研究資金の調達に話を進めましょう。院生を含む研究者が獲得する助成金は，「競争的外部資金」とも呼ばれています（第Ⅰ部第2章第5節参照）。いささか官僚的な色合いの濃い用語ですが，大学教員ポストの応募書類などでも頻繁に用いられるので，説明を加えておきます。同語は，「資金配分主体が，広く研究開発課題等を募り，提案された課題の中から，専門家を含む複数の者による，科学的・技術的な観点を中心とした評価に基づいて実施すべき課題を採択し，研究者等に配分する研究開発資金」と定義されています（http://www8.cao.go.jp/cstp/output/iken030421_1.pdf, 3ページ）。そして，2003年4月に内閣府の総合科学技術会議で決定された答申である「競争的研究資金制度改革について（意見）」以降，大学で日常的に用いられています。

　人文・社会科学分野では松下幸之助記念財団，みずほ国際財団，平和中島財団などをはじめとした学位取得を主目的としない留学に対する奨学金や，海外での調査や短期留学を支援する研究助成金などが用意されています。かつては院生向けの助成金の多くが地域研究者向けに拠出されてきましたが，近年では人材育成のグローバル化という国家や大学が掲げる目標のもとで支援対象になる研究もあります（佐藤裕・ガトゥクイ明香「研究活動の国際化と院生・ポスドクの「送り出し」支援」）。したがって，地域研究や国際比較研究，または研究の国際的な発信を主眼としない場合，日本には研究資金源が豊富にあるとはいえないでしょう。

　そのようななか，多くの院生にとってひとつの獲得目標とされる研究資金は，日本学術振興会の特別研究員制度です。同制度がアカデミック・キャリア形成上，有効な経歴として機能することは，環境心理学者でかつ『高学歴ワーキングプア』や『ホームレス博士』などの著作で知られる水月昭道が『アカデミア・サバイバル』で強調しているとおりです（197〜198ページ）。学振は周知の通り，博士課程在学者ならびにポスドクに対して一定期間のフェローシップを供与する制度で，1985年に発足したものです（加藤毅「融化する若手大学教授市場」，289ページ）。前者は通常，受給開始年次が博士課程1年次であれば

DC1，2年次以降であればDC2の各カテゴリーに分けられます（DCは"Doctoral Course"の略称）。後者でいう「ポスドク」には博士号取得者のみならず，オーバードクター（修業年限を超えた博士課程の院生）や博士課程中退者も含まれ，PDのカテゴリーになります（PDは"Postdoc"の略称）。また，ポスドクに対しては海外の大学や研究機関で2年間研究をおこなう「海外特別研究員制度」や，応募する年度の4月1日からさかのぼって過去5年以内に，出産または子の養育のため，おおむね3カ月以上やむをえず研究活動を中断した男女に開かれているRPDのカテゴリーがあります（英語名称は"Restart Postdoctoral Fellowship"）。

　いずれにせよ，学振の特別研究員を経ることで，大学教員職への道がより近くなることは確かなようです。学振の2011年度のデータによると，過去の特別研究員の間で，任用期間終了直後に専任の大学教員職や研究職に就いた者は61.6%，1年経過後の場合は77.1%，5年経過後には92.5%です（http://www.jsps.go.jp/j-pd/data/pd_syusyoku/01_pdgaiyou.pdf）。しかし，学振特別研究員としての採用は狭き門です。図5は人文（科）学，図6は社会科学について，採択率の推移を示したものです。いずれにおいても，従来は10%前後の採択率で推移していたPDのカテゴリーでは，過去数年間に採択率が上昇していること，またDC1やDC2のカテゴリーはPDに比べて採択率が高いことが指摘できます。

　また，学振の公式ウェブサイトに掲載されている過年度の「採用者一覧」（DC1およびDC2。出身校以外での大学や研究機関での研究が推奨されているPDやRPDを除く）を一見すればわかるように，特別研究員の分布には「一流」大学大学院への偏りがあります。この事実は，「一流」以外の大学に通う大学院生の研究能力が低いことを意味するものではありません。そうではなく，「一流」大学大学院においては，学振への応募が「文化」として定着していること，そして特別研究員として採用された院生からの情報が蓄積されていることが，こうした大学院間格差を生むものであると考えられます（樫田美雄「大学院格差問題から考える社会科学系学会の新機能」）。

　こうした情報の蓄積やネットワークは，特定の大学院・研究科／専攻・研究室から「経路依存的に」人材が輩出するメカニズムを確固たるものとしますが，同時にこれら組織間の不平等を再生産する装置となるといわざるをえませ

図5　学振特別研究員の採択率の推移（人文学）

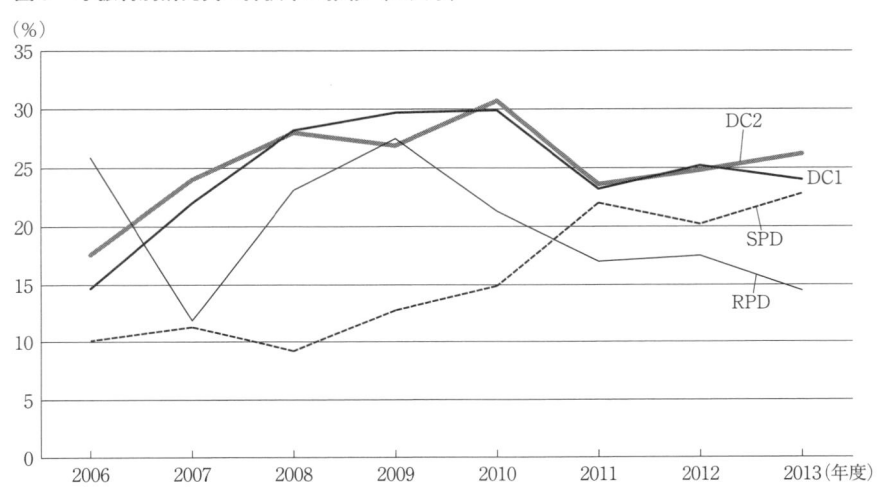

図6　学振特別研究員の採択率の推移（社会科学）

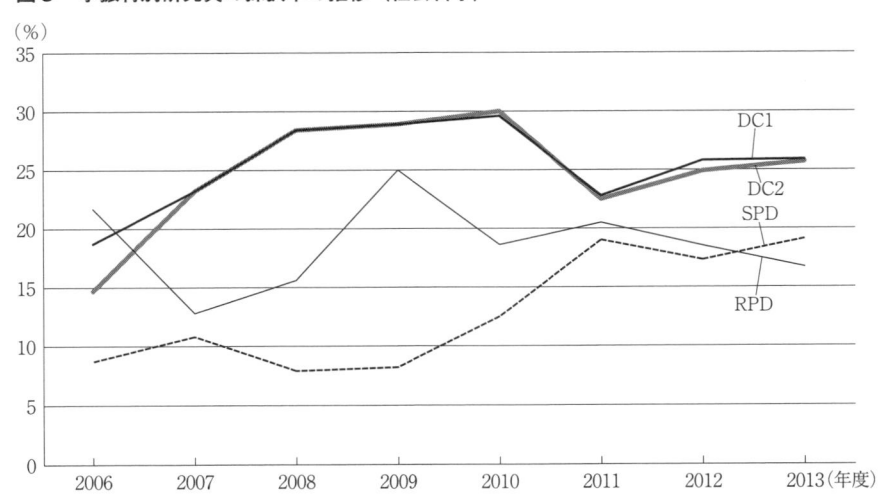

注：日本学術振興会は慣例として人文科学をすべて「人文学」としている。
出所：日本学術振興会のウェブサイト，「特別研究員制度」のページ（各年度）より作成。

ん。ですので，こうした機会に恵まれない院生にとっては，学振特別研究員制度に関する情報が豊富な大学院や研究室に所属する院生との交流が肝要です。

さらに，学振特別研究員制度に応募する際には，自身の専門分野を再確認する作業が求められます。学際的な研究が流通するようになった昨今の現状を鑑みれば，この点に違和感をもつ読者もおられるでしょう。また，複数の分野にまたがるテーマを手がけることもしばしばです。その時々によって，応募する〈分野・分科〉が変わったり，「複合新領域」（「地域研究」や「ジェンダー」ほか）などの「人文学」や「社会科学」系以外の分野に応募したりすることもあるでしょう。たとえば，社会学の立場からケア労働に従事する女性移民について研究する場合には「社会学」と「ジェンダー」が，政治学の立場からタイにおける民主化運動を対象にする場合には「政治学」と「地域研究」が選択肢となるでしょう。そのいずれかに迷うこともしばしばあり，採択されやすい分野や分科について噂が流れ，そのカテゴリーでの応募を決める院生も少なくありません。

また，大学教員市場での需要に合わせて応募する分野や分科を確定し，その後の自身の方向性（どの分野で活躍したいのか）を定めていく院生もいることでしょう。この点については，野家啓一が以下のように言明しています。

> 大学への就職はますますきびしくなっており，昔のようにカントやアリストテレスを一途に研究してれば就職が決まる状況ではなくなっている。［中略］ハイデガーを専門にしていた助手が，ある大学の農学部に環境倫理の助教授として採用されたことがあります。またプラトン研究を専門にしていた助手は，生命倫理の業績が評価されて就職が決まりました。ですから大学院生には［中略］，副専攻として生命倫理や環境倫理，あるいは科学技術倫理などの分野でも業績作りをするような指導をせざるを得なくなっています。（「国立大学法人化のジレンマ」，74ページ）

この段階では，どの領域に貢献するかという研究の側面のみならず，将来どの分野の教員として就職をしたいのかという，教育への還元も意識せねばなりません。この点は，評論家・ジャーナリスト・企業人などの大学への大量参入

や，大学淘汰の危機感を受けた学部・学科の再編成（既存の学問分野を基礎とした組織から学際的な，あるいは就業力育成を軸とした組織への転換）が進むなかで，より差し迫ったものになるでしょう。

　学振への採択の決め手は，まずもって研究業績でしょう。学振特別研究員制度の審査は，多くの場合において書面審査となりますが，その評価項目は(1)推測される研究能力・将来性，(2)研究計画，(3)研究業績，(4)博士学位の有無に分かれます。そのうえで，5段階の評点，つまり「採用を強く推奨する」，「採用を推奨する」，「採用してもよい」，「採用に躊躇する」，「採用を推奨しない」が付けられます。なお，DCについては研究経験が少ないことから申請書記載の「現在までの研究状況」，「これからの研究計画」，「自己評価」および「評価書」が重視され，PDについては「研究業績」が重視されます（http://www.jsps.go.jp/j-pd/pd_houhou.htm）。とはいえ，実際のところ，同じDCカテゴリーであってもDC 2については研究業績も厳しく評価されている点は，一橋大学の多くの学振特別研究員が指摘するところです。

　研究業績については，分野を問わず国際会議や海外学会での報告が評価されるといわれます。これは，ISBN（国際標準図書番号）やISSN（国際標準逐次刊行物番号）がある既刊の研究業績による評価が中心となる教員人事とはやや異なるといってもよいでしょう。

　さらに，ほかの競争的外部資金と同じく，学振特別研究員制度に応募する際には指導教員からの推薦状が必要となります。「先生方は忙しい」とよくいわれます。たしかに教員の多くは教育，研究，大学運営，社会・地域貢献など多岐にわたる業務に追われています。さりとて，推薦状を用意することは教育と研究指導の一環ですので，怠ることはできません。ですので，指導教員などへの推薦状の依頼は1〜2カ月前からを目安に計画的におこないましょう。依頼する際には，強調してもらいたい点や，推薦状の様式（文字数制限，必要とされる項目），提出方法などをまとめておき，教員の負担を減らす努力をするのも重要です。

5 アカデミアでの就職活動

　研究業績がある程度整ってきたら，「研究者人材データベース（JREC-IN）」などで公募されている研究職ポストに応募することになります。従来，大学教員人事はおおむね「閉じられて」おり，空きポストに対する「一本釣り」は多くの大学での慣行でした。その核となるのはいうまでもなく徒弟制で，空きポストに関する情報の伝達経路も「閉じられた」ものでした。その一例として，旧帝国大学やその他の研究大学がもつ「植民地」，つまりそれよりも学部入学難易度の低い国公私立大学に院生が研究助手や講師として就職をするという構造が成り立っていたことを耳にした読者も多いと思います。

　もちろん「一本釣り」による就職は，専任教員の場合は私立大学を中心として，時限付きの特定の教育・研究プロジェクトに雇用される特任教員としての就職においては国公立大学で現在でも見られることです。その回路としては，専任教員としての就職においては非常勤講師からの昇格や，出身大学での前任者の退職にともなう任用などさまざまです。後者の場合はいわゆる「一流」大学の出身者によって多くを占められる大学教員市場への参入において不利である，「非一流」大学の大学院修了者などが母校に採用されるケースが見られます。

　とはいえ，国公立大学の法人化以降は人事の透明性や説明責任が問われるようになり，今日では公募を通じての採用が大学教員市場での規範となっています。もちろん，通常業務のかたわら教員採用人事を担当する大学教員にとって，ひとつの空きポストに対して数十，場合によっては100件以上の応募書類を精査することは多大なる労力が求められます。その場合，知己関係にある他大学の教授等にインフォーマルな形で協力を要請し，適任となる院生・ポスドク・任期付き教員に応募を促すという措置が図られることもあります。こうした文脈においては，「働きたいという意欲を全面に押し出しておくと，いざという時に，相手が思い出してくれる可能性が高くなる」（水月昭道『アカデミア・サバイバル』，169ページ）という点は妥当でしょう。ですので，大学教員をめざす読者には，指導教員をはじめとしたあらゆる大学教授との良好な関係を維持し，研究者としてのコミットメントを示していってほしいと思います。

その一方で，こうした紹介にあずかることのできる人材は，相応の研究業績を有す，あるいはポテンシャルを有する研究者の卵であることも意識しなければなりません。もちろん，教育能力は不確かでも研究業績をもった人材を採用すべきか，研究業績は弱いが教育者として優れた人材を採用すべきか，選考の際に多くの大学教員が迷うという事実も報告されています（有本章『変貌する日本の大学教授職』，54ページ）。「大学全入時代」と揶揄される今日では，高校で身につけるべき基礎学力もままならない学生たちに対する授業の工夫のみならず，さらには授業・個別相談・イベントを通じての学生の就業力育成支援までもが求められるようになってきました。こうした背景をふまえれば，研究能力が他の研究者に比べて抜きんでる必要はないかもしれません。しかし一方では，高等教育機関として各大学が体面を保つべく，応募者に高い研究業績を求めることもむべなるかなといえます。

　ですので，応募時には教歴の有無は求められても，実際に教育能力が問われるのは二次選考での面接や模擬授業においてでしょう。ほとんどの若手研究者にとっては通常3名，多い場合は4～5名が競う二次選考に残ることが現前の課題ですし，そのためにはやはり一定以上の研究業績が必要なのです。

　推薦状の提出を求める公募もあります。教員公募制について，全国各地の教育学部を中心とした学部を対象に，1975・81・87・93年時点のデータをもとに計1200件の公募文書の分析をおこなった教育社会学者の山野井敦徳は，第三者による推薦状や所見を「研究の評価もさることながら，とくに人物にかかわる保証書である」としています。山野井はこのような人物評価主義を日本の大学における流動性の低さに求めていますが，そこには大学教員が組織において良き関係を保持するよう期待されている側面があることも指摘しています（「大学人事システムとしての公募制研究」）。

　以上から，大学教員としての就職にはまず研究業績が重要であり，また教育や学生支援に対する意欲が必要であることがわかります。そして，こうした真摯な態度や実践を認めてくれる指導教員，ないしは学内外の研究者との交流が大切であることはいうまでもありません。

6 「知の生産者」であり続けるために

　本章では博士論文や投稿論文の執筆，そして研究資金の獲得を軸に，大学教員をめざす読者に対して筆者なりの見解を示してきました。あらためて，大学教員の多くが研究のために自己を滅し，学問の発展を希求する態度を有していることを強調したいと思います。

　本書のテーマであるキャリアとは役割の変化をも意味します。しかしながら，大学教員になるまでのキャリアは変則的で，ほかの業種との比較考量が難しいことを念頭におく必要があります。とくに，大学卒業後に就職を果たした友人との比較において，「社会人」経験がないことに劣等感を抱き，進路選択に迷う院生が散見されます。このようなときには，自身がすでに「知の生産者」としてのキャリアを歩んでいることを再確認する必要があります。アルバイトや仕送りに頼りながら学費や生活費を捻出していることが，「学生」としてのみずからの立場を卑下することにつながるのでしょう。困難がともないますが，学生としての身分を不当に押し下げる日本社会の規範を内面化しない姿勢こそが，研究を持続的に展開していくための鍵です。それでも迷いがあるならば，別の業種でみずからの可能性を切り拓くのも妥当な選択肢といえるでしょう。

　次章では一橋大学大学院での事例をもとに，院生たちが博士課程での研究をどう計画・実践してきたのか，投稿論文の執筆においてどのような苦労を経験したのか，学振の特別研究員制度への応募に際してどのような工夫をしたのかについて詳細に述べたいと思います。また，本章では取り上げなかった海外留学による研究活動のさらなる展開，そして育児等と研究とのバランスとその困難についても考察することになります。

第2章
「いま・ここ」の研究活動から始める

1 │ 広範な研究活動支援に向けて

　国家検定や民間検定合格を経て，学生の進路や就職支援にあたるキャリア・コンサルタントやキャリア・カウンセラーは増加傾向にあります。しかし，研究者をめざす院生の進路や就職の支援の担当者として，これらの有資格者があたることはまだ多くありません。大学教員の採用に際して公募制を設ける大学・学部・学科が多くなかったこと，人事の閉鎖性，研究者養成支援が産業として成立しにくいことなどが，アカデミックな進路支援のカスタマイズを困難にさせてきた要因として考えられます。

　しかしながら，国公立大学の法人化以降，国公私立の別を問わず多くの大学で定着しつつある公募制は，若手研究者を中心に競争文化を根づかせ，幅広い世代の間でアカデミック・キャリア支援に対する関心を促してきたといってよいでしょう。たとえば，2007年に日本物理学会に設立されたキャリア支援センターは，大学教授職に限定されないものの，若手研究者の就職支援を研究者が集合的に実践する一例です。また，2012年に関東社会学会が福祉社会学会との共同で「学会活動と論文投稿のノウハウを公開・共有しよう――研究活動支援と学会の自己認識のために」と題したテーマ部会を年次大会で企画したのは，人文・社会科学分野では画期的な取り組みだったといえるでしょう。

　後者の中心を担った社会学者の樫田美雄は，「キャリア形成援助科学」を提唱しています。樫田は院生の成長段階別に応じた支援，つまり，(1)大学院選択支援，(2)論文執筆・投稿支援，(3)研究費獲得支援，(4)人事公募応募支援をアカデミック・キャリア支援の中心課題としています。そのうえで，(1)必要な情報開示を進め，(2)公開された情報をもとにさまざまな推論や考察の仕方を相互に批判的に吟味しあうことのできる議論の「アリーナ」設定を提起し

ています(「大学院格差問題から考える社会科学系学会の新機能」)。

一橋大学の院生向けアカデミック・キャリア支援も，上記の問題提起に沿ったかたちで展開しました。筆者が企画したアカデミック・キャリア講習会(以下，講習会)では，現役の修士課程と博士課程の院生，ポスドク，そして一橋大学の教員や他大学で活躍する OB・OG が登壇者としてそれぞれの研究実践例を報告してくれました。こうした経験と知識の蓄積は，樫田が提起する院生の「成長段階」を理解し，キャリア支援と情報開示をカスタマイズするうえで有益でした。

しかしながら，各院生が経験するアカデミック・ライフコースという個人的次元のほかに，支援をおこなう際にはそれが実践される場・空間としての組織にも留意する必要があります。筆者が留意したのは院生への情報提供のみならず，ゼミや共同研究室間で見られる情報の偏在を修正することでした。具体的には，一橋大学の教育上の伝統のひとつに「ゼミの一橋」がありますが，OB・OG と院生，そして院生間の関係が希薄なゼミや，研究実績の豊富な先輩が少ないゼミなども存在します。その一方で，研究資金の獲得に向けた研究計画書の意見交換会がなされるゼミや共同研究室も存在します。したがって，研究者志望の院生であればだれもが有していると考えられる「常識」が，少なくとも一橋大学大学院では均等に共有されていないのが現状です。

院生がアカデミック・キャリアを切り拓くうえで重要なのは，「いま・ここ」のニーズに即した情報開示でしょう。筆者は講習会の開催を通じて院生・ポスドク・教員間の相互交流を促進し，個別相談の開設によって院生のニーズに応需することに努めました。本章ではアカデミック・キャリア支援の実践例をテーマごとに紹介します。それに先立ち，次節ではその概要を簡単に説明します。

2 「いま・ここ」の研究活動支援

筆者はアカデミック・キャリア支援を進めるうえで，院生やポスドクのニーズに応えうるきめ細やかな支援を重視し，研究活動や大学院生活，つまり「い

表1　アカデミック・キャリア講習会の開催実績（2011年4月～2013年8月）

	講習会の名称
研究キャリア	先輩研究者の経験から学ぶ――博士号取得にいたるまでの「労苦」
	妊娠・出産・育児期における研究キャリア形成――現役院生とOB・OGが語る
論文の投稿や出版	学術誌への論文投稿――アカデミアで生き残るために
	学術誌への論文投稿――「物書き」としての研究実践
	学位論文を出版につなげる
研究資金の獲得	学振特別研究員制度合格講座
	研究計画書の作成から実践へ――学振特別研究員が語る
	学振特別研究員制度 応募直前講座
留学	英文履歴書・レター作成講座――海外留学・調査の実現のために（各年度開催）
	若手の海外研究滞在――実現のための秘訣　　欧州・中東・アフリカ編，アジア編，南北アメリカ・オセアニア編
	海外研究滞在と就職活動
	海外留学と現地での就職――研究環境，競争，ライフワークバランスの欧・米・日比較
大学教員職への応募と準備	大学教員としての就職――応募書類をどう作成するか
	大学で教えるということ――「学び」を促す授業の計画と実践
	多様な学生にどう教えるか――授業の「場」の創造から専門教育の実践まで

注：本表では講習会を開催順ではなく，カテゴリー別に並べている。個々の講習会の開催年月日については，一橋大学学生支援センター・キャリア支援室大学院部門のウェブサイトを参照のこと（https://sites.google.com/a/r.hit-u.ac.jp/careersupport/）。

ま・ここ」の諸課題に応じるかたちで個別相談を開設してきました。相談のテーマは，修士論文や博士論文の執筆計画，各種助成金の応募書類の添削，ゼミでの人間関係に関するものなど，多岐にわたりました。もちろん，留学経験をもつ筆者の経歴を反映してか，留学や国際会議等での報告に関する相談の占めるウエイトが大きかったこと，また社会学と地域研究を専攻する筆者の属人的個性に起因するかたちで，調査の企画・実践と研究資金の獲得，そして筆者の専門に近い領域での研究に関する相談や意見交換が多かったことは否めません。

このように，アカデミック・キャリア支援をおこなううえで筆者が抱えた課題は，異なる分野を専攻する院生に状況に応じた助言をおこない，情報を提供

することでした。その克服に向けた取り組みがアカデミック・キャリア講習会の開催です（表1）。

　講習会では，英文履歴書と添え状（英文レター）の書き方をテーマにした回を除き，各テーマでの経験が豊富な博士後期課程の院生，博士号取得者，一橋大学内外の専任教員をゲスト講師として招聘しました。その目的は，博士課程のいわゆる「入口」，「中身」，「出口」の各段階での研究実践に資することでした。講習会では，(1)博士後期課程での研究計画やそこでの苦労，(2)海外留学の準備と実践，(3)競争的外部資金や大学教授職への応募書類作成，(4)投稿論文執筆，(5)大学での教育技法などをテーマにしました。

　次節以降では，講習会を中心として筆者が院生・ポスドク・教員から得た知見を，具体例を交えながら紹介していきます。

3　博士論文の構想

　前章では修業年限内での博士論文提出の利点のみならず，早期の博士論文提出を推奨することの問題点を，人文・社会科学諸分野の研究上の特徴や，国ごとに異なる博士課程の院生に求められる要件などを手がかりに考察しました。もちろん，フィリップスとピューが示す，博士論文提出に至るまでの4半期単位での研究活動のひな型は非常に重要です（『博士号のとり方』）。ここで論じたいのは，博士論文の執筆を一義的な目標としながらも，就職への必須条件となる学会発表や投稿論文の執筆，そして分野によっては必要不可欠となる長期にわたる資料収集や留学を博士課程の院生がどのように実践しているかについてです。ここでの核は，個別的な研究上の特性にあったキャリアの計画と実践，そしてその途上で各院生が経験する困難の共有です。

　こうした問題関心から，筆者は「先輩研究者の経験から学ぶ――博士号取得にいたるまでの「労苦」」と題した講習会を開催しました。そこでは，一橋大学で博士号を取得した若手研究者を登壇者として招聘し，博士課程（およびポスドク）でどのように研究を進め，またその途上で研究・生活両面でどのような苦労に直面し，どう解決していったのかについて各自の経験を共有すること

図1　会計学研究者（Aさん）の例

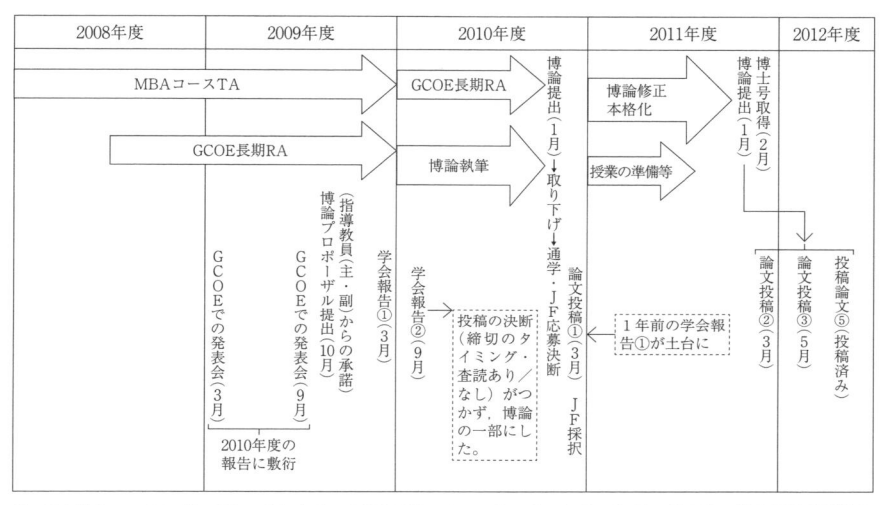

	2008年度	2009年度	2010年度	2011年度	2012年度
	MBAコースTA →	GCOE長期RA →	博論提出（1月）↓取り下げ・通学・JF応募決断	博論修正本格化 → 博論提出（1月）	博士号取得（2月）
	GCOE長期RA →	博論執筆 →		授業の準備等	

補足事項:
- GCOEでの発表会（3月）
- 〔指導教員（主・副）からの承諾　博論プロポーザル提出（10月）〕GCOEでの発表会（9月）
- 学会報告①（3月）
- 学会報告②（9月）
- 投稿の決断（締切のタイミング・査読あり／なし）がつかず，博論の一部にした。
- 論文投稿①（3月）／JF採択
- 1年前の学会報告①が土台に
- 論文投稿②（3月）
- 論文投稿③（5月）
- 投稿論文⑤投稿済み
- 2010年度の報告に敷衍

注：TAはティーチング・アシスタントを，RAはリサーチ・アシスタントを，JFは一橋大学の博士号取得者等を対象に1～2年にわたりジュニアフェローとして雇用する制度を指す。

を主眼としました。そして，各登壇者の研究の軌跡をフローチャートのかたちで図示し，参加者が博士号取得に至るまでの研究や大学院生活の今日的な実態をイメージできるような場を設定しました。

本講習会での事例は，各報告者の専門領域の特性を幾分，反映していると考えられます。たとえば，図1・図2にある一橋大学大学院の商学研究科（会計学），法学研究科（民法）の研究者はいずれも3～4年で博士論文を書き上げ，ポスドクの研究者になった例です。

そのうち，まず会計学の研究者（図1）は博士課程入学以降，博士論文の執筆に注力した例です。これはAさんが博士課程3年次に学会報告をし，当初予定していた学術誌への投稿をあきらめて，博士論文の一部としたという選択にも現れています。もちろん，博士論文提出の延期を余儀なくされたなどの困難もあったようです。しかしながら，その後に一橋大学のジュニアフェロー（JF）として採用され，その期間を利用して納得のいく博士論文を提出，その後矢継ぎ早に複数の学術誌に論文を投稿したのがAさんの特徴です。経営学，金融論，会計学などを基盤とする商学研究科では，大学教員としての就職に際

図2 民法研究者（Bさん）の例

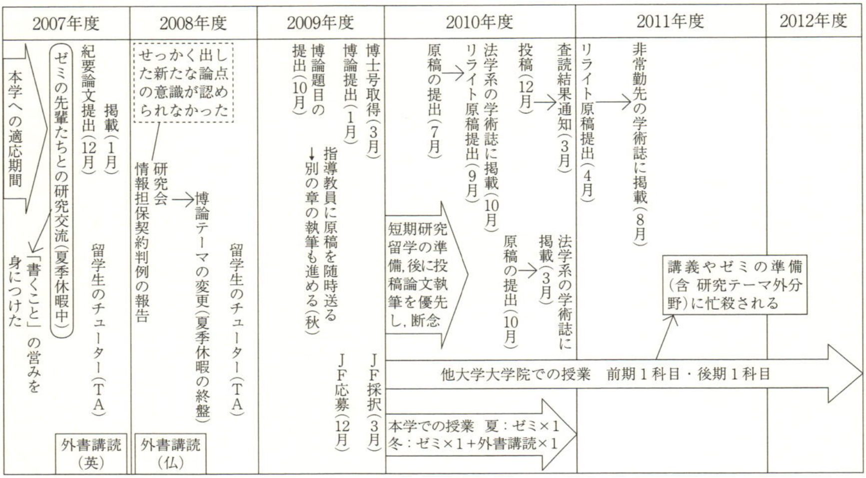

して「マジックナンバー」、つまり博士論文に加え学術誌論文3本が専任教員としての就職の条件であるとの認識が院生の間で共有されています。その例に漏れず、博士論文の成果にもとづく投稿論文が高く評価されて、Aさんはジュニアフェローの任期が終了すると同時に専任の大学教員として就職しました。

次に、民法の研究者のケースを見てみましょう（図2）。Bさんは他大学の大学院修士課程を修了後に司法研修所等を経て、一橋大学の大学院博士課程に入学したケースです。Bさんは、手始めにゼミを中心とした院生たちとの研究交流を図ると同時に、外書講読などの授業にも出席、さらにティーチング・アシスタント（TA）として留学生のチューターを務めることで一橋大学に適応する努力を重ねました。1年次に過去の研究成果にもとづく論文を執筆したものの、基本的には博士論文の執筆とそれに必要な研究を一貫して続け、修業年限内に学位論文提出に至った好例です。ジュニアフェローの任期中には学部と大学院での授業担当以外には、博士論文をベースに投稿論文の執筆に注力していった点も、Bさんの特徴といえるでしょう。Bさんはジュニアフェローとしての任期満了後、2年を経て専任の大学教員としての就職を果たしました。

それに対して、日本中世史の研究者は博士論文の提出に5年間要しました（図3）。歴史学研究者のなかでは、5年間での博士論文提出は決して遅くな

図3　日本中世史研究者（Cさん）の例

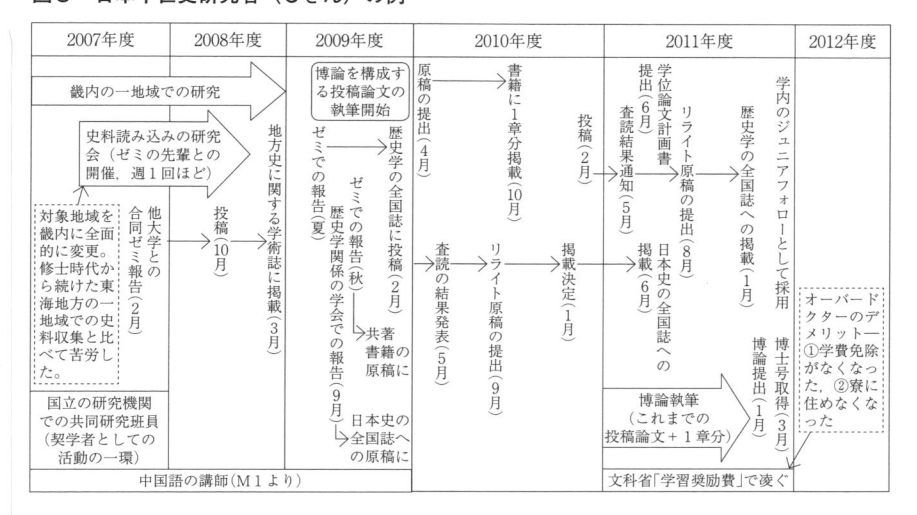

2007年度	2008年度	2009年度	2010年度	2011年度	2012年度
畿内の一地域での研究 →	地方史に関する学術誌に掲載（3月）	博論を構成する投稿論文の執筆開始 →	原稿の提出 → 書籍に1章分掲載（10月） → 投稿（2月）	学位論文計画書提出（6月）→ 査読結果通知（5月）→ リライト原稿の提出（8月）→ 日本史の全国誌への掲載（6月）	学内のジュニアフェローとして採用 歴史学の全国誌への掲載（1月）
史料読み込みの研究会（ゼミの先輩との開催、週1回ほど）	他大学との合同ゼミ報告（2月）	ゼミでの報告（夏） 歴史学の全国誌に投稿（2月） 歴史学関係の学会での報告（9月）	査読の結果発表（5月）→ リライト原稿の提出（9月）→ 掲載決定（1月）	博論執筆（これまでの投稿論文＋1章分）	博士号取得（3月） 博論提出（1月）
対象地域を畿内に全面的に変更。修士時代から続けた東海地方の一地域での史料収集と比べて苦労した。	投稿（10月）	共著書籍の原稿に 日本史の全国誌への原稿に			オーバードクターのデメリット ①学費免除がなくなった、②寮に住めなくなった
国立の研究機関での共同研究班員（契約者としての活動の一環）	中国語の講師（M1より）			文科省「学習奨励費」で凌ぐ	

く，Cさんが博士課程の1年次から2年次にかけて研究対象地域を変更したこと，そして在学中に数本の論文を投稿・寄稿したことを鑑みれば，むしろ早期の課程修了であったことがわかります。これはCさんが，修業年限内で博士課程を修了する院生が比較的多く，また査読付き学術誌に論文を投稿する「文化」が形成されている経済学研究科の所属であったことが背景にあると考えられます。Cさんは留学生として生活費や住居の面で多大な苦労を強いられながらも研究成果を上げていったことは特筆すべき点でしょう。付言するならば，Cさんは一橋大学のジュニアフェローの任期中に，出身国での大学教員としての就職を果たしました。

次に，社会学研究科で博士号を取得した西洋史研究者の例を見てみましょう（図4，次ページ）。Dさんは博士課程入学当初からフランスへの長期留学を志し，留学中にはフランス語史料ならびに日本語史料の両言語への翻訳を精力的におこないました。Dさんはフランス語とその日本語訳をあわせた長編の論文を刊行し，その後同じく両言語で博士論文を提出しました。地域研究においては，研究成果を対象地域・国の研究者などにも発信することが強く推奨されます。しかしながら，こうした実践に取り組む研究者はいまだ多いとはいえません。また，Dさんは6年半と比較的長期にわたり博士課程に在籍しましたが，

図4　西洋史研究者（Dさん）の例

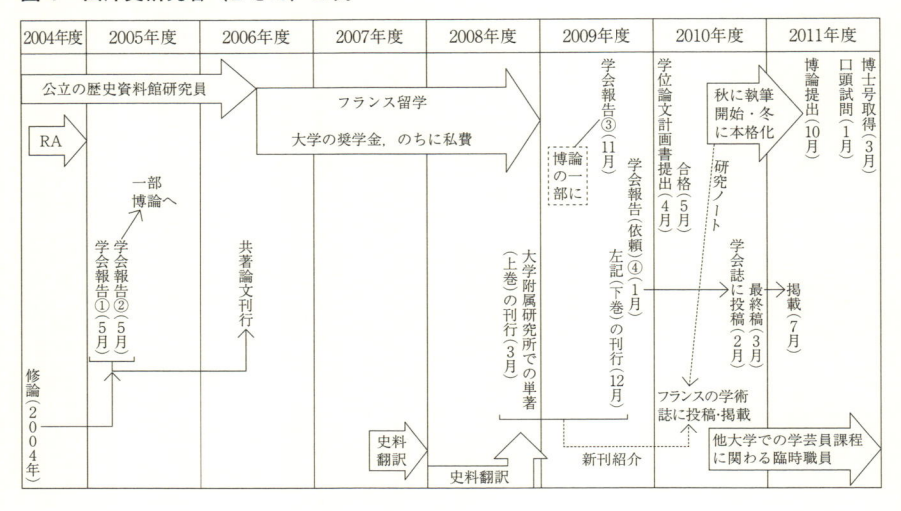

2004年度	2005年度	2006年度	2007年度	2008年度	2009年度	2010年度	2011年度

- 公立の歴史資料館研究員（2004〜2006年度）
- RA（2004年度）
- フランス留学（2006〜2008年度）／大学の奨学金，のちに私費
- 修論（2004年）
- 学会報告①（5月）（2005年度）
- 学会報告②（5月）（2005年度）
- 一部博論へ
- 共著論文刊行（2006年度）
- 史料翻訳（2007年度）
- 史料翻訳（2007年度）
- 大学附属研究所での単著（上巻）の刊行（3月）（2008年度）
- 学会報告③（11月）（2009年度）
- 博論の一部に
- 学会報告（依頼）④（1月）（2009年度）
- 左記（下巻）の刊行（12月）
- 新刊紹介
- 学位論文計画書提出（4月）（2010年度）
- 合格（5月）
- 研究ノート
- 学会誌に投稿（2月）
- 最終稿（3月）
- 秋に執筆開始・冬に本格化
- フランスの学術誌に投稿・掲載
- 他大学での学芸員課程に関わる臨時職員
- 博論提出（10月）（2011年度）
- 博士号取得（3月）／口頭試問（1月）
- 掲載（7月）

図5　社会言語学研究者（Eさん）の例

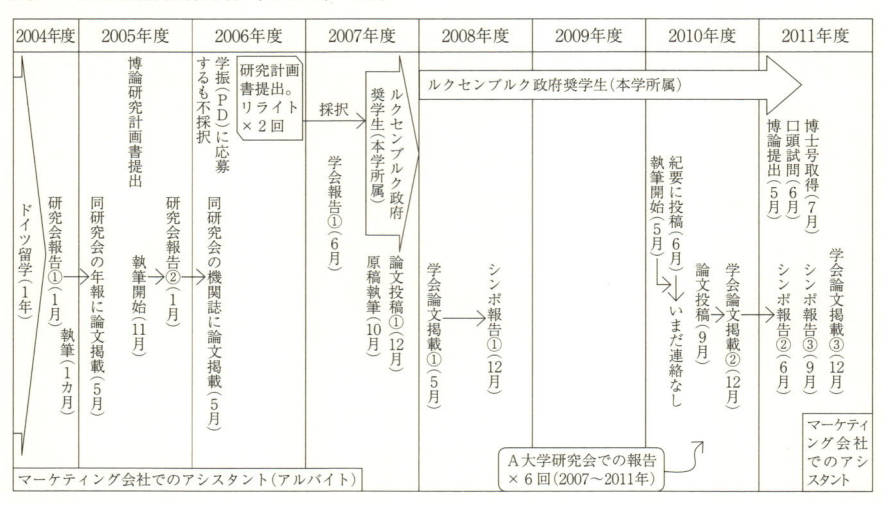

2004年度	2005年度	2006年度	2007年度	2008年度	2009年度	2010年度	2011年度

- ドイツ留学（1年）
- 研究会報告①（1月）／執筆（1カ月）
- 博論研究計画書提出（2005年度）
- 同研究会の年報に論文掲載（5月）
- 研究会報告②（1月）／執筆開始（11月）
- 研究計画書提出。リライト×2回
- 学振（PD）に応募するも不採択
- 同研究会の機関誌に論文掲載（5月）
- 採択
- 学会報告①（6月）
- ルクセンブルク政府奨学生（本学所属）
- 原稿執筆（10月）
- 論文投稿①（12月）
- 学会論文掲載①（5月）
- シンポ報告①（12月）
- 紀要に投稿（6月）→いまだ連絡なし
- 執筆開始（5月）
- 論文投稿②（9月）
- 学会論文掲載②（12月）
- 博論提出（5月）
- 博士号取得（7月）／口頭試問（6月）
- 学会論文掲載③（12月）
- シンポ報告②（9月）
- シンポ報告③（6月）
- マーケティング会社でのアシスタント（アルバイト）（2004〜2007年度）
- A大学研究会での報告×6回（2007〜2011年）
- マーケティング会社でのアシスタント（2011年度）

外国語の鍛錬と留学，そして2言語での研究成果発信は，Dさんの研究者としての誠実さを示しているともいえるでしょう。

最後に，社会言語学を専門とする研究者の例を見てみましょう（図5）。Eさんは博士課程に比較的長く在籍した例で，人文科学の院生としてオーソドックスな研究を遂行してきたケースであるといえます。その過程でドイツ語の鍛錬はもちろんのこと，研究会や学会にて複数回報告をし，その原稿を加筆修正のうえ学術誌に投稿してきたことがうかがえます。Eさんはルクセンブルク政府の奨学生に選ばれましたが，同国には大学が存在しないことから一橋大学を拠点に研究を続け，ルクセンブルクで資料収集などをおこないました。その成果にもとづき，ある大学を拠点とする研究会で数多くの報告をし，それと並行して複数の論文を投稿しながら博士論文を完成させた点は大いに参考になるでしょう。Eさんはその後，一橋大学での無給のポスドクを経て，ドイツ語の専任教員としてある研究大学に就職を果たしました。

少ない事例ながらも，以上から人文・社会科学の博士課程での研究スタイルの多様性が見えてきたと思います。ひとつめのポイントは，いうまでもなく博士論文執筆に重点を置き，提出後に投稿論文の執筆に軸足を移すパターンです。ふたつめは，博士課程在学時から学会発表とその後の投稿論文の執筆を進め，比較的長い期間を費やしながら博士論文を提出するパターンです。みっつめは各専門分野がもつ特質ですが，とくに語学修得と長期滞在による現地調査や留学が望ましい分野であればあるほど，博士号取得に時間をかけざるをえないという，地域研究者にとってはあたりまえの事実です。教育政策の立案者には，博士課程では研究者としての基盤を築くためのさまざまなルートがある点を認識してもらいたいものです。

4 投稿論文の執筆

筆者は個別相談への対応を通じて，論文投稿に対して悩みを抱える院生たちに少なからず接してきました。そのひとつが，論文投稿から査読の結果が発表されるまでの期間でした。とくに，学振特別研究員制度，とりわけDC2以上

図6　審査の過程

書き手	投稿	結果通知（要修正）→修正原稿	結果通知（要修正）→修正
	↓	↓	↑
編集委員会	受理・査読者決定　　判定	受理・再査読依頼　　判定	判定
	↓	↑	↓	↑
査読者（複数）	査読開始 ────→ 報告	再査読開始 ────→ 報告

注：判定が割れた場合，さらにほかの査読者にも依頼。
出所：町村敬志「「学術雑誌をつくる」立場から論文執筆・投稿の勘所を考える」。

のカテゴリーでの応募を検討する院生にとっては，研究業績の蓄積は死活問題といってもよいくらいです。こうした問題の所在から，筆者は査読論文の投稿をテーマにした講習会を計2回開催しました。本節ではそこで共有された知見を紹介しながら，論文の投稿に対する心構えと戦略を論じます。

　具体例を出す前に，論文の審査過程を確認したいと思います。講習会の登壇者のひとりであった町村敬志によると，そのひな型は図6のようになります。

　この図からは，いわゆるA判定（そのまま掲載可）でないかぎり，査読が2回ないしはそれ以上なされることがわかります。もちろん査読の回数は学術誌の刊行頻度によって異なる場合があります。学会年報の場合には再査読まででしょうが，月刊・隔月刊・季刊で刊行される各分野の中核的な学術誌は原稿の締切日を設けない場合が多く，審査に要する期間も長くなる傾向にあります。

　社会学者の齋藤圭介は，日本社会学会の機関誌である『社会学評論』に2001年から2011年の間に投稿された論文の平均査読回数と日数を，初回の査読結果ごとに比較しています（表2）。ここからわかるのは，初回の審査でB評価（部分的な修正をすれば掲載可）ではなくC評価（大幅な修正をすれば掲載の可能性がある）を受けた投稿者が多数派であることです。

　C評価を受けた場合には，再査読に向けたいっそうの準備が必要となります。しかしながら，投稿者と査読者との間のやりとりから優れた論文が生産されることにも留意したいところです。実際に，講習会の一登壇者は，査読制度は「覆面の良き指導者」に出会う機会であると語ります。同じように，一橋大学の木本喜美子も，初回審査でC評価を受けた投稿者に向けて，「専門委員の問題指摘やアドバイスを受けとめつつ論文に修正を加える過程で，驚くように論文のレベルをあげていくケースに出会うことが少な」くないと論じています

表2 『社会学評論』での掲載可・不可決定までの平均査読回数と日数

	全体		可：(N=191) 不可：(N=331)	初回B評価	可：(N=56) 不可：(N=3)	初回C評価	可：(N=132) 不可：(N=86)
平均査読	回数	日数（中央値）	回数	日数（中央値）	回数	日数（中央値）	
掲載可	2.9	310.9（294.0）	2.3	180.3（165.0）	3.2	371.8（354.5）	
掲載不可	1.3	142.7（98.0）	1.3	105.3（107.0）	2.0	292.4（272.5）	

出所：齋藤圭介「データからみる『社会学評論』」，16ページ．

(「編集後記」,『社会学評論』58(4))．

　ここで留意しておきたいのは，学振に特別研究員として採用されることが近視眼的な目標となってしまい，「粗製乱造」に走る危険性もはらんでいることです．さもなくば，「原稿を書くことが際限なく続き，出版に値する水準に達せず，常にさらなる時間と労力が必要となるのであれば［中略］博士論文の完成から学生を引き離す」（前掲『博士号のとり方』，112ページ）ことにもなりかねませんし，査読者にも負担を与えかねません．これに関連して，社会学者の早川洋行は次のように述べています．

> 　今回は12本の自由投稿論文が届いたのですが，掲載は1本でした．前号は10本投稿6本掲載でした．［中略］選に漏れる論文は［中略］いくつか共通する傾向があります．①先行研究を誤解したうえで論を展開している，②事例紹介が大半で理論化・普遍化が不十分，③最初に立てた問いと最後の結論がかみ合わない，④言葉・用語の使い方が雑である，⑤結論をまとめきれていない，などです．［中略］指導者や先輩に読んでもらい意見を聞くのもよいと思います．（「編集後記」,『日本都市社会学会年報』27）

同様に，講習会でも登壇者たちから以下の点がくりかえし強調されました．

◎推敲がなされていること．とくに初投稿の場合には，事前に指導教員や先輩などからフィードバックを得るように心がけること．
◎投稿する学術誌に掲載された論文を複数本，審査する立場になって読んでみること．

これらのうち，後者の査読者の視点から原稿を読み直すことは多くの院生にとってイメージしにくいかもしれません。ここで指摘すべきは，査読が学術誌の水準の維持と発展に寄与していることです。日本では多くの場合，学術誌は学会の機関誌である場合が多く，学会という同業者組合（ギルド）的な性格からも，編集担当者や査読者たちは無報酬で学会誌の水準を維持することを一義的な目的として論文審査にあたっています。町村敬志は，査読のモチベーションを支える事柄として以下を挙げています。

◎新しい事実の発見，独創的な理論構築が生まれる現場に立ち会えること。
◎研究上のブレイクスルーをめざす挑戦的な仕事に機会を提供できること。
◎流行に左右されない，地味だが良い仕事に発表の場所を用意できること。
◎若い書き手を育てること。
◎優れた書き手を発掘し，また中堅の研究者によるさらなる研究展開を後押しすること。

　町村は以上に加えて，公平に判定しているという実感――自分と立場の異なる論文，また評価が完全に定まっていない論文についても，きちんと目配りをしているというバランス感覚――も強調しています。それに対して，これらから遠いもの，また本来の目的以外のことで労力を使わされる論文（誤字・脱字，表現の未熟，形式上の逸脱など）については，厳しい評価が下されやすいことも指摘しています。
　とはいえ，多くの院生，そして研究者にとっての心配事は，投稿先の学術誌が求める水準に到達しないがゆえに，原稿がボツになってしまうことでしょう。いかなる理由であれ，投稿した原稿が掲載不可になる経験は快いものではありません。たとえば，社会学者の太郎丸博は，専任教員として就職してからは投稿しなくなる研究者が少なくないという問題点と，投稿者（審査される側）の多くは審査した経験がないため，レフェリーの審査基準が読めないという問題点を挙げています（「編集後記」，『理論と方法』22(1)，106～107ページ）。そのうえで，太郎丸は「審査する側とされる側の間には厳然とした権力関係がある」とし，学説の解釈の相違を理由に掲載が拒否された自身の経験を例示し

ています。講習会の登壇者のひとりもいわゆる「潰し査読」——がんばった形跡や努力を認めない，無理難題を迫るなど——が見られる場合もあると指摘します。

ただ，原稿がボツになる経験は筆者も含めて，実際に多くの研究者たちが経験することです。この点に関して，英国の王立地理学協会は若手研究者向けのガイドブックで，「投稿論文の原稿がボツになった経験はほとんどすべての研究者にある（原稿の大半がボツになった場合も）」と激励のメッセージを加えています（*Publishing in Geography*，9ページ）。このように，査読を受けての評価はあくまで著者ではなく，論文に対してのものと謙虚に受け止めるのが肝心です。

それでは，原稿がボツになった場合はどのように論文の質を上げていくのでしょうか。ここでは，登壇者のうち，博士課程に入学直後に論文を投稿したものの，内容面での有益なコメントがほとんどないまま，掲載不可となった経験のある研究者の例を挙げます。その登壇者は掲載不可になった理由を，原稿の内容もさることながら，投稿媒体の選定ミスにも求めています。つまり，論文の内容が過去数年間に掲載されてきた論文の傾向とは大幅に異なっていた点を敗因として挙げています。そのうえで，学術誌の選定の際には，(1)論文のテーマと当該学術誌の投稿規定や趣旨が合致していること，(2)最近の掲載論文の傾向を把握すること，(3)学問上の立場や方法論も近い研究者が会員となっている学術誌を見極めることを提起しています。

その後，同登壇者は大幅に修正を施したうえで他の学会誌に投稿し，掲載に至りました。その際に留意した点として，以下を挙げています。

◎課題の設定において執筆者の問題意識を詳細に綴らずに，なにを明らかにしたいかを簡潔に書くこと。
◎たこつぼ化の回避。つまり，専門性の高いテーマを扱う場合は，大きな枠組みをもって先行研究と関係づけることで，専門家でない査読者の興味をひき，学術的意義が容易に伝わるようにすること。その際に，幅広いパースペクティブをもった論文であるように書きだすのがよい。
◎本論から導きだされる含意や示唆から，新たな論点になるものを今後の課

題として若干提示すること。ただし，それが本論の一部にならないように気をつけること。

　講習会では国際学術誌への論文投稿にも話が及びました。とくに経済学，心理学などでは英語圏の査読付き国際学術誌に論文が何点掲載されているのかが，学振特別研究員制度や大学教員の人事の際に審査基準となりえます（上野千鶴子「グローバリゼーションと日本の社会学教育」，532ページ）。この点で英語論文の価値は高くなりつつあります。

　しかしながら，英語論文の執筆にはさまざまなリスクが付随します。まずは採択率が非常に低いことです。たとえば，ニール・アッシュカナシーは経営学や組織科学の学術誌への投稿論文の採択率と採択に至るまでの条件を分析しました。彼は，英語圏に限定されるものの，A*からCの4ランクに分けられる学術誌への掲載の条件について，表3のようにまとめています。

　先述の『社会学評論』で掲載率が30%前後で推移してきたことを鑑みれば，表3の国際誌の掲載率は非常に低いといえます。人文・社会科学のなかでも，心理学や主流派経済学ではインパクトファクターが高いトップランクの国際誌への論文掲載が望ましいでしょう。その場合には，院生の場合は経験豊富な研究者との共著での投稿が安全かもしれません。

　また，国際誌の多くは投稿から掲載決定までの期間が長いことが特徴といえます。世界のトップクラスの学術誌であれば，3回以上のリライトが求められることもあり，掲載決定まで3～4年かかることもまれではないようです（Patrick Dunleavy, *Authoring a PhD*, 232ページ）。したがって，英語での論文執筆はある程度の研究業績を整え，安定した職に就いてからでも遅くはないでしょう。

　いずれにせよ，いかなる媒体であれ論文が掲載されたら，自己負担を覚悟で抜刷を多めにお願いするのがよいでしょう。講習会の登壇者たちからも強調された点ですが，抜刷をまず過去と現在の指導教員にはかならず送ること，学会の控え室等で設置される抜刷交換ブースなどを活用することも必要です。キャリア形成上の機会を拓くのみならず，自身の研究をより多くの研究者に知ってもらうという意味で重要だからです。

表3　英語圏における学術誌のランキングと掲載の諸条件

ランク	学術誌全体に占める割合	掲載率	掲載の条件
A* 国際誌 (トップランク)	6.9%	10%未満	不備がなく文章も完璧であること。国際的に卓越した貢献が認められ，論理が一貫しており，調査・分析手法も優れている。
A 国際誌 (グローバル)	20.8%	10〜19%	不備が最小限に抑えられ，文章も完璧である。国際的な貢献が認められ，論理が一貫しており，調査・分析手法も優れている。
B 国際誌 (リージョナル)	28.4%	20〜49%	文章も申し分なく，リージョナル・国内的な学術的貢献が認められる。論理面・分析面ともに妥当である。
C 国内誌	43.9%	50%以上	編集委員や査読者によるある程度の妥協は避けられない。

出所：Australian Business Deans Council, "ABDC Journal Quality List 2013," (http://abdc.edu.au/29.125.0.0.1.0.htm) および Neal M. Ashkanasy, "The PhD endgame," paper presented atthe ANZAM Doctoral Workshop, Auckland, December 2008より作成。

5　競争的外部資金の獲得

　本節では，第1章第4節で触れた学振の特別研究員制度を例に，一橋大学の院生やポスドクが研究資金の獲得に向けてどのような心構えをもち，研究計画書の作成にあたり，なにに留意したのかを論じます。筆者は同テーマでの講習会を3回開催しましたが，各回とも研究計画書の作成および学振採用後の研究実践について理解を深めてもらうことを主眼としました。

　以下では，これらの講習会で共有された研究計画書の作成に関するノウハウを示します。

　まず，応募に際しては強い動機づけとその維持が求められます。この点に触れた登壇者は留学生でしたが，学振特別研究員（DC2）として採用された経緯をもちます。この院生は特別研究員制度を研究者として生き残るためのひとつの資格として，また独立した研究者としての自律性が確保できる手段として位置づけています。そして，留学生にとっての競争的外部資金の獲得は，みず

からの研究が内外から承認され，多くの人がその成果に期待を寄せていることの証明でもあるとしています。このように，大学外からのプレッシャーをうまく活用することで動機づけが高まり，研究を飛躍させるための水路づけが個人のなかに確立するということです。

次に，研究計画書作成について具体的に見てみましょう。まず，学振の研究計画書には，「現在までの研究状況」と「これからの研究計画」と題したふたつの大きな項目があります。前者には，これまでの研究の背景，問題点，解決方策，研究目的，研究方法，特色と独創的な点などを記載します。それに対して，後者には，研究目的・内容，研究の特色と独創的な点，年次計画などを記載します。

以上の記述をとおして，応募者が今度どのように独創的な研究を発展させていくのかを明示していくことになります。しかしながら，限られたスペースのなかで，「過去の」研究と「採用後の」研究の連続性をどう表現するのか，という問題が生じてきます。うち，「現在までの研究状況」については，マーケティング論を専攻し，DC 2 で採用された登壇者が以下の諸点を強調しています。

◎研究で扱う課題や問題を先行研究がなぜ明らかにしてこなかったのか，その背景を意識しながら自論を展開すること。
◎先行研究の限界点を提示しながら，これまでの研究がそこを克服するためにどのような工夫をしたかを示すこと。
◎これまで手がけてきた研究ではどこまでを検証し，どこまでがまだ明らかになっていないかを明確に示すこと。
◎重要なポイントは図式や表を用い簡単に提示すること。しかしながら，分析枠組み，または理論と実証との連関をうまく説明できないような図表は，かえって研究計画書の価値を減じてしまうことになる。

「これからの研究計画」では，研究の背景・目的・内容を説明することになります。そこで問われるのは，各領域や各分野での先行研究に比べての研究の特色ならびに独創的な点です。

まず、研究の背景ではテーマの一貫性を維持することが重要です。筆者は過去に、学振特別研究員制度のうち「海外特別研究員制度」に応募したものの、不採用という結果に終わりました。そこでは、「これまでの研究」で説明した過去の研究成果を「これからの研究計画」にどう活かすかが不鮮明であったこと、そしてなによりも「これからの研究計画」で新しいテーマを掲げたことがおもな敗因であったように思います。これまでの講習会の登壇者たちからは、すでに着手し、ある程度の知見が出ている調査・研究の一部を、「これからの研究計画」で示す「問い（research questions）」に活用する案も提示されました。もちろん、すでに検証あるいは公表されている分析枠組みやデータをあたかもこれから分析し、検証するかのごとく提示するのではなく、これらを今後どのように膨らませて、既存の研究にはない新しい視点を提示するのかが求められます。

また、自身のこれからの研究が周辺諸領域の議論にどう重なり、分析枠組みの面でどう異なるのかを提示するのも大切でしょう。

学振の研究計画書には、「研究の目的・内容」という項目もありますが、その作成にあたる際のヒントとして、登壇者たちからは以下の点が提示されました。

◎具体的な仮説を提示し、箇条書きや表を併用することで、これからの研究計画にストーリー性をもたせること。
◎先行研究を羅列するのではなく、自分の仮説に当てはめながら再構成する工夫をおこなうこと。
◎文章構成は〈問いと答え〉をセットで示し、そのための検証作業の手続きを具体的に提示すること。

「研究の特色と独創的な点」については、重要な研究蓄積を尊重しつつ、新しい問題を解くためにどのような新しい工夫ができるかという点が強調されました。具体的には特定の概念は先行研究に依拠するものの、その測定方法や仮説導出までの手続きが相違していることを提示することです。たとえば、量的な手法に依拠することが多い経済学や心理学の実証研究に、質的な手法を取り

入れることで，人間行動の内面的な論理をも検証するスタイルの研究がそれに該当するでしょう。

　さらに「年次計画」と「自己評価と課題」についても触れたいと思います。まず自己評価のポイントについては，いままでの自分と特別研究員としての自分，そして契約が終わったあとの自分について，評価者がイメージできるように説明をおこなうことが提起されました。そして，研究上の課題については，対象となる現象の一側面にしか光を当てていない点を正直に述べることも重要でしょう。また，たとえば日本での実証研究に従事してきた申請者の場合は，国際比較にはまだ着手していない点を挙げるのもよいでしょう。これに関連して，経営学を専攻する登壇者は，日本の組織経営の特殊性を実証研究の対象とし，その成果を国際会議報告を通じて海外の研究者にも発信していくことを研究計画書に明記したということです。

　年次計画についてはいずれの講習会でもメインの話題にはなりませんでしたが，重要です。たとえば半年単位で計画を構想し，それぞれの段階でどのようなデータを集め，またそれに応じてどのような手法を用いるのか，また知見をどう発信するのかを明確に記述することが肝要です。とくに知見の公表については，「学会報告→論文の投稿」という一連の流れがつかめるように，暫定的にどのような内容の知見をどの学会でいつ報告し，加筆修正した原稿をどの学術誌に投稿するのか，表を用いながら説明するのも一案でしょう。

　最後に，レイアウトの問題についても触れたいと思います。講習会ではほとんどの登壇者がフォントの組み合わせや文字のサイズ，余白の設定など，シニアの研究者にも読みやすいように工夫することを強調していました。なかには，採択者の研究計画書のなかにも節・項の間に空白が設けられていないなどの問題が散見されました。また，強調したい箇所に下線を引く申請者も多いでしょうが，下線を多用すると逆効果になりかねません。要点をコンパクトにまとめる作業も効果的な研究計画書作成には必要でしょう。

6 　留学と研究活動の国際化支援

　高等教育のグローバル化の波が日本を席巻するなかで，留学が院生の間にも浸透するようになってきました。学位取得のための留学や地域研究者による中期留学（1～2年）が代表的な例ですが，近年では院生やポスドクがみずから希望する大学や研究機関に留学生の身分ではなく，客員研究員などの身分で短・中期間の海外滞在をおこなうケースも見られるようになってきました。

　留学の際には，渡航・滞在先の受入研究者に直接連絡を取り，どのような身分でどの程度の期間受け入れてもらい，そのための受入手数料はどの程度かかるのかなど，多岐にわたる交渉を重ねていかなければなりません。また，自身の研究を英語ないしは他の外国語で事前に知ってもらうためには，代表的著作・論文の要約や履歴書の作成に取りかからなければなりません。

　そのために筆者は個別相談や講習会（帰国者による成果報告会，51ページの表1参照）を開催し，分野を横断するかたちで短期・中期の研究留学に関するノウハウを院生やポスドクと共有してきました。その際に，筆者がひな型として用いた「留学希望先の選定→研究資金の獲得→留学先の確定→留学先での研究実践→帰国後の研究成果発信」のフローチャートが図7（次ページ）です。

　この図にある一連の準備と研究活動は，おもに博士課程の上級生やオーバードクター，そしてポスドクによる短・中期留学を想定したものです。詳細は拙稿（佐藤裕・ガトゥクイ明香「研究活動の国際化と院生・ポスドクの「送り出し」支援」，同「分野横断的な研究活動の国際化支援に向けて」）に譲りますが，学振が2010年度に開始した「組織的な若手研究者等海外派遣プログラム」を皮切りに，同振興会が「頭脳循環を加速する若手研究者戦略的海外派遣プログラム」（2011年度～）など，若手研究者が海外の受入研究者のもとで進める個人研究，あるいは日本と海外の大学や研究機関が共同で進める研究を支援する目的で，留学促進プログラムが施行されています。

　こうしたなかで問題になるのは，アカデミアでの就職活動を間近に控え，国内で非常勤講師等をつうじた教育歴を積み，国内の学会で研究成果を上げなければならない若手研究者たちが，半年から1年という比較的長期にわたって海

図7 海外研究滞在のプロセス

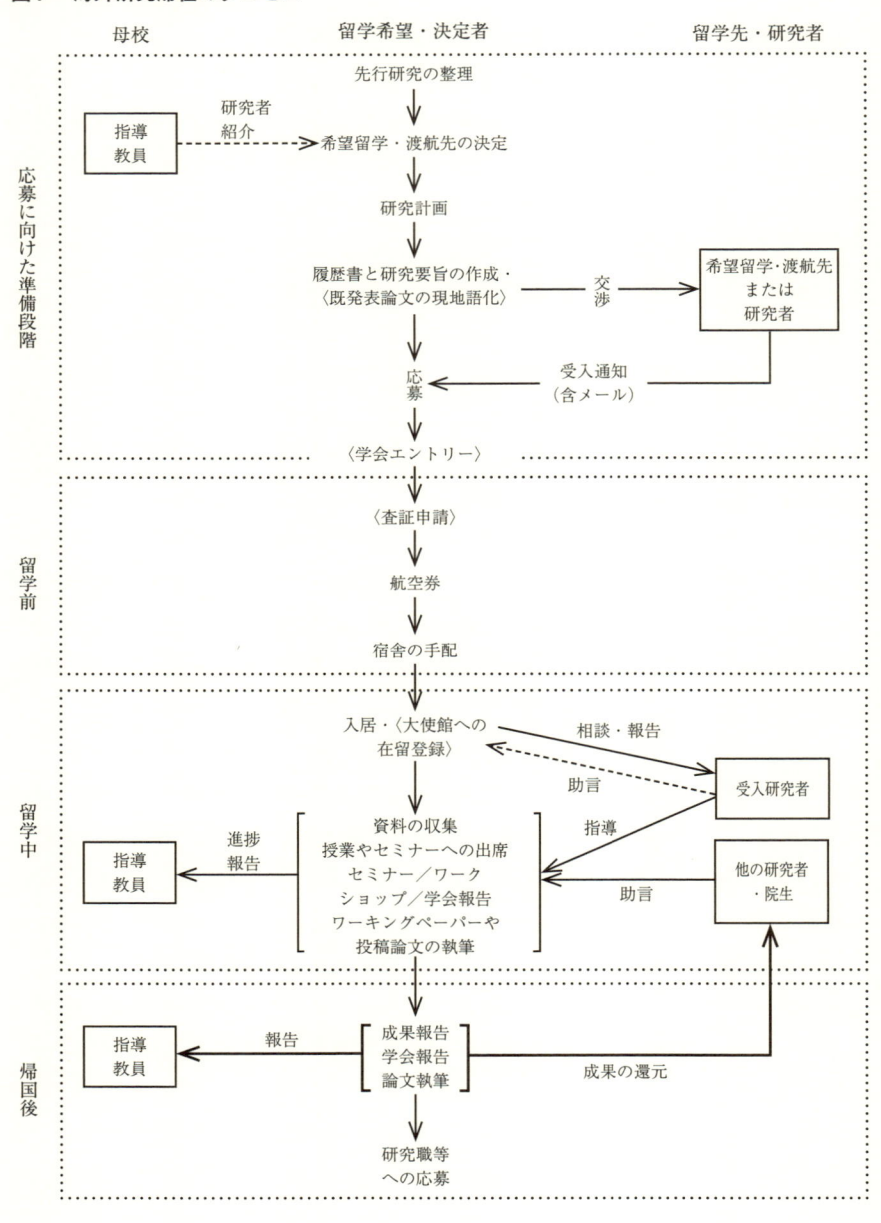

	母校	留学希望・決定者	留学先・研究者

応募に向けた準備段階
- 指導教員 —(研究者紹介)→ 希望留学・渡航先の決定
- 先行研究の整理
- 希望留学・渡航先の決定
- 研究計画
- 履歴書と研究要旨の作成・〈既発表論文の現地語化〉 —(交渉)→ 希望留学・渡航先または研究者
- ←(受入通知（含メール））—
- 応募
- 〈学会エントリー〉

留学前
- 〈査証申請〉
- 航空券
- 宿舎の手配

留学中
- 入居・〈大使館への在留登録〉 ←(相談・報告)— 受入研究者
- 資料の収集／授業やセミナーへの出席／セミナー／ワークショップ／学会報告／ワーキングペーパーや投稿論文の執筆
  - ←(助言)— 受入研究者
  - ←(指導)— 受入研究者
  - ←(助言)— 他の研究者・院生
- 指導教員 ←(進捗報告)—

帰国後
- 成果報告／学会報告／論文執筆
- 指導教員 ←(報告)—
- ←(成果の還元)—
- 研究職等への応募

68

外で研究に従事することのリスクです。もちろん地域研究では留学や海外調査が博士課程の後半にも必要となる場合が多いといえます。一方では，研究上のさらなる研鑽を目的に海外に渡航する院生やポスドクも見られました。彼／彼女らのなかには，日本研究，日本をベースにした実証研究，そして理論研究（たとえば経済学）に従事する者も少なくありませんでした。こうした院生やポスドクが直面した困難のひとつに外国語の修得があります。

いまひとつの問題は，自身の研究成果等を英文履歴書にまとめ，さらに希望する留学・滞在先機関や教員に連絡をおこなう際に用いる添え状を作成することです。その克服に向けて，筆者は「英文履歴書・添え状作成講座」を企画し，専門家による講義を通じて院生たちがこれら書類の作成を修得する場を設けました。とりわけ，英文履歴書にはフォントの種類やサイズの選定，余白の設定，学歴や職歴の欄の作成やアピールポイントなど，日本語の履歴書を基準にした場合には想像もできないような作成上の工夫が求められます。また，1〜2ページから構成される添え状も同様で，宛名の位置，行の空白，余白などスタイルに関わる事項から，申請者の研究が留学を通じてどう発展し，どう受入先機関で展開する研究にも資するのか（セミナー等での発表やワーキング・ペーパーの執筆など）といったアピールポイントの記述まで留意しなければなりません。

こうした手続きをふまえて，一橋大学から海外留学や滞在を果たした院生とポスドクが現地で得た経験はおおむね豊富です。詳細は先に挙げた拙稿に譲りますが，ややもすればまわりの評価を過剰なまでに気にしながら研究をおこなう日本の大学院から離れて，現地での学生や他国からの留学生，そして研究者との交流を通じて研究者としての自己アイデンティティを再確認したという事例が，帰国者たちから数多く報告されました。こうした意味において，目下の就職活動とその近道となる日本での研究・教育活動をいったん中止して，海外に渡航することの意義は大いに認められるものと思います。

筆者は短・中期の留学支援のほかに，学位取得のための留学支援も個別相談を通じて展開してきました。多くの日本出身の院生は，海外留学後に帰国し，アカデミアでの就職活動に励むことになりますが，大学教員職への就職が厳しい日本を離れて，海外で研究職に就くというのもひとつの方策であるといえま

表4　主要国・地域における研究者人材情報源

情報源の拠点	サイト名	公募のある大学・研究機関
韓国	ARJK.net: Academic and Research Jobs Korea	韓国の大学や研究機関
オーストラリア	UniJobs.com: The Global Academic Job Network	オセアニア，欧米，アジア（香港，シンガポール，マレーシアなど）の大学や研究機関
米国	The Chronicle of Higher Education H-Net: Humanities and Social Sciences Online（"Job Guide: Academic Job Announcements"）	世界中の大学や研究機関
欧州	Academic Jobs EU.com	欧州の大学や研究機関（まれに欧州外の機関も）
英国	Jobs.ac.uk	英国が中心だが，世界中の大学や研究機関も含まれる

出所：各情報データベースのウェブサイトより筆者作成。

す。グローバル経済における途上国の躍進が著しいなかで，多くの先進国・地域が焦燥感を抱いているのは高等教育の領域でも同じです。なかでも，越境する人材獲得競争（war for talent）は喫緊の課題であり，筆者の管見の限りでは表4で示すサーチエンジンでおもに英語で教育研究に従事する人材の公募が公表されています。

なかには，米国に拠点を置くH-Net: Humanities and Social Sciences Onlineや英国に拠点を置くJobs.ac.ukのように履歴書の作成，博士論文提出までの研究活動，面接対策など，アカデミック・キャリア形成にあたって有用な情報が多数盛り込まれているウェブ媒体もあります。

海外で就職するためには，現地で入手できる情報や人的資源などの面からも留学，とくに学位取得を目的とした正規留学が望ましいといえます。大学教員としての就職に関する国際比較は，紙幅の制限もあり本章では論じる余裕がありませんが，研究者の国際的流動性が高まるなかで，日本からもより多くの研究人材が海外で活躍の途を切り拓くことは，学問の発展という見地からも好ましいといえるでしょう。

7 　大学教員職への応募

　大学教員の人事は，えてして応募者の理解が及ばぬところに基準がある場合があります。たとえば公募ポストの要件や性格，所属することになる学部や学科の教授陣の年齢層とのバランス，男性か女性か，その大学が立地する地域（地元出身の学生が多い場合）に「合う」か「合わない」かによって，なかなかうまく就職できないケースもあります。とはいえ，全般的には一定以上の研究業績，そしてポスドクの場合には教育業績が求められることはこれまで指摘してきたとおりです。

　また，欠員補充の人事の場合には前任者が担っていた教育を任されることが要件となりますが，近年では複数の前任者が担っていた教育を一手に任せられることもあります。前章で述べたように，外国語，社会調査法やデータ分析，学生支援などの領域で「即戦力」になりうる経験とスキルが有効になることもあります。ですので，応募書類としての「代表的な著作」には応募者の研究の広がりが見える著書や論文を含めるのもよいでしょう。こうした広がりを示すためには，応募者の過去数年間の研究遍歴や発展が審査員に伝わるようなサンプルとなる著書や論文を選べばよいでしょう。

　さて，ここからは大学教授職への応募に関する支援の一環として筆者が手がけた，「研究職志望者のための教育・研究業績書作成講座」と題した講習会で話された内容にもとづき議論を進めていきましょう。

　まず，実際の応募の段階で揃える書類とその留意点です（表5，次ページ）。ここでのポイントは，時間が限られるなかで，よりよい書類を作成するためには，ひな型をつくり，より多くのポストに応募できるような態勢づくりに励むことです。また，研究業績の要旨を求められることがありますが，研究業績書のなかで各200字以内に収める場合と，「代表的研究業績の要約」など単独の書類に各600～1000字程度で記入する場合とがあります。いずれにせよ，日ごろからそれぞれの字数制限に応じた研究業績の要約を用意しておくのがよいでしょう。

　ここでは個々の代表的な応募書類の記入について，留意点を説明します。

表5 応募時に提出する代表的な書類とその内容例

提出書類	内容	留意点
履歴書	2ページ以内。	大学によっては西暦ではなく和暦での表記を求める場合があるので，ミスがないように注意を払うこと。
教育研究業績書	個々に異なる。教育業績書と研究業績書とが別々になることもあれば，研究業績書のみの提出が求められることも。	教育業績書ではなるべく多くを記述。授業の実践例や授業評価など，実際の面接で素材になる項目についても織り込む。研究業績書では各書籍や論文に対して200字以内の要旨を記入することが多い。
代表的な著作	3点～5点。掲載が決まった原稿については，それを証明する書類を添付のこと。	相互の内容がかけ離れていない限り，応募者の研究の広がりがわかるような著作を選ぶとよい。
これまでの研究について	1000～3000字。	代表的な論文等が専門領域でどのような独自の貢献をしたのかを例示するとともに，すべての論文等に一貫して見られる応募者の研究スタイルや枠組みを提示すること。
着任後の研究について	1000～3000字。	3年後と10年後の研究計画や展開の可能性を示すのも一案。
着任後の抱負	1000～2000字。	応募するポストによって，研究・教育・学生支援それぞれへのウエイトが異なるので注意すること。
担当予定科目のシラバス	概要と目的，到達目標，15回分の講義内容，成績評価基準，学生へのメッセージなど。	2～3行程度の参考文献の要約があれば効果的。各回の講義内容の要約もあればよい。

　まず履歴書です。履歴書は所定の様式を用意する大学もあれば，様式自由とする大学もあります。まずは約束事として，大学院の学歴を「○○課程卒業」ではなく「修了」と記載しましょう。また，職歴でとくに，日本の大学ではフルタイムでの雇用であっても，たとえば特任教員のような外部資金を財源とする間接雇用の場合には，その雇用形態が「非常勤」扱いとなります。この点は，大学教員の間で「常勤職＝専任教員（含 任期付き）」と日常的に語られることからも，旧日本育英会（現日本学生支援機構）の奨学金の返済免除申請の際に特任教員が勤務形態を申告する箇所で「非常勤」の欄にチェックを入れることからも明らかです。しかしながら，職歴欄記入の際にはフルタイムによる「非常勤」任用と時間給が支給される非常勤講師とが，審査する側に混同されないように留意しましょう。

次に教育業績の整理です。多くの若手研究者にとっては，大学や短大での非常勤講師のポストを獲得すること自体が困難になっています。そこでは，ティーチング・アシスタント（TA）やリサーチ・アシスタント（RA）を通じて試みた学生への支援に触れるのも一案です。教育業績書では紙幅が限られるので多くを論じることができませんが，応募書類に「これまでの教育」や「着任後の教育への抱負」などが含まれる場合には，授業の工夫について具体的に説明するのがよいでしょう。講習会では一教員から，応募書類の作成にあたり以下の点に工夫したことが語られました。

◎身近なテーマや人々の日々の営みに関するトピックスを盛り込んだこと。
◎研究対象としている地域や時代を事例にすること。
◎さまざまな事柄に関心を持っている一方で，その関心を具体的に調査分析し，論文やレポートにまとめることを苦手としている学生に対して，資料調査の方法や論文作成の技法などを講義とゼミを通じて教えたこと。
◎以上を卒業論文などの執筆をも意識した指導として展開したこと。

たとえば，ゼミや授業で取り上げたテーマを探求するうえで，学生自身による文献調査（国会図書館や大学図書館など）や聞き取り（自治体，商工会議所，観光協会，NPOなど）を促したというケースひとつをとっても，具体的な授業実践例となるでしょう。そこには，学生たちに現場と学術研究との連関をより具体的に把握させ，彼／彼女たちのやる気や自信を継続させた，といった工夫が見られるからです。

さらに研究業績の整理です。各種助成金の応募書類でも同様ですが，研究業績に含まれる書籍や論文はすでに刊行されているもの，あるいは掲載が決定したものに限ります。英語圏では，履歴書や大学の公式ウェブサイト上の自己紹介欄に「審査中（under review）」の原稿を研究業績のうちに数え，公開している研究者も少なからずいます。しかしながら，これはとりわけ北米における大学教員人事が，博士号を取得した大学の知名度や，着任後の研究計画書から把握できる応募者の能力をも積極的に評価するといった「ポテンシャル採用」をおこなっているからだとも指摘されています。あくまで，日本の大学での人事

は公刊済みの業績（この場合，同人誌やISBNのない報告書・非売図書などを含めないように指示する大学もあります）にもとづき進められることを念頭に置きましょう。

　研究業績は「これまでの研究の概要」や「着任後の研究」などの書類で詳細に説明されることになります。講習会に登壇した専任教員のひとりは，応募書類を作成する際に以下の点に留意したと語ります。

　◎自分の研究のメインテーマはなにかを明らかにすること。
　◎これまでの研究をいくつかの流れに整理すると，どのように区分できるのかをはっきり説明すること。
　◎研究の核となる概念をわかりやすく示すこと。

　そのうえで同教員は反省点として，近接領域の／他領域の研究者に対する説明をもう少し丁寧に展開すべきであったこと，そして研究業績の説明文では査読の有無についても明記すべきであったことを挙げています。

　着任後の抱負については，応募したポストやその学部・学科の教育上の特徴，そして大学のミッションなどをよく調べてから書くようにしましょう。たとえば，女子大学では建学の理念にもとづく女子教育にどう貢献するかが問われることでしょう。この点に関して，津田塾大学でアフリカ地域研究に従事していた社会学者，小倉充夫は，女子大学での教育は研究それ自体にも特徴をもたらしたとします。その一例として，ジェンダーの視点による既存の研究の見直し・再検討が，第三世界の地域研究や被差別者・少数派に着目した研究にも発展したことを挙げています（小倉充夫「女子大学における研究支援」，59ページ）。

　さて，運よく書類選考に通過したら，二次選考に向けての準備に取りかかることになります。多くの二次選考は面接と模擬授業が中心となります。うち，模擬授業では担当予定の1科目ないしは2科目を講じることになります。模擬授業はおおよそ15〜30分，場合によっては90分程度になることもあります。そこには審査担当となる教員のみならず，学生数名が聴衆となることもしばしばです。

模擬授業に望む際に注意を要するのは，想定される学生はだれなのか（学年，専攻など），模擬授業で用いる教室はどのような環境にあるのか（教室の収容人数，パソコン，OHP，プロジェクターの設置の有無など）を可能な範囲内で確認することです。大学によっては，模擬授業の際にパワーポイントやOHPなどのツールを用いず，あくまで板書をベースに申請者の教育技法を測定するところもあるので，そのための準備も必要です。いずれにせよ，模擬授業では申請者が基本的な内容の授業を平易におこなえるかどうかが問われます。

8 ライフイベントとキャリア設計に関する意識の醸成

　とはいえ，博士課程の多くの院生がキャリア設計の過程においてさまざまな葛藤に直面します。本書の執筆陣が担ってきたプログラムの前身である，一橋大学大学院社会学研究科で展開した「キャリアデザインの場としての大学院——入口・中身・出口の一貫教育プログラム」は院生たちの研究活動の活性化，とくに調査の実施や学振特別研究員制度への応募者数と採択者数の増加という面で非常に高い評価を受けました。しかしながら，修業年限内の博士課程修了が多くの院生たちの間で達成されていない点に改善を求められました。

　前述したように，修業年限内の課程修了は望ましく，本章でも読者の多くに意識してもらいたい点でもあります。しかしながら，多くの院生たちにおいて，政策立案者たちが描く予定調和的なキャリア目標（修業年限内の課程修了→留年者減→新陳代謝のよい大学院教育）を達成できない要因も検討する必要があります。

　そのひとつには，先述したような海外での調査研究とそれに求められる語学能力の涵養は多大なる時間を要する点があります。いまひとつは，少なくない院生が経験する結婚・妊娠・育児（子の保育園／幼稚園や小学校入学も含む），そして親の介護といった，家族形成上のライフイベントがあります。院生やポスドクが研究者としてのアイデンティティを築いていくなかで，こうした変化を共時的に経験することになるのです。キャリア形成における「能力」が過度に強調されるなかで，女性研究者たちがこうした規範を研究業績のみならず出

図8　研究者に占める女性割合の国際比較

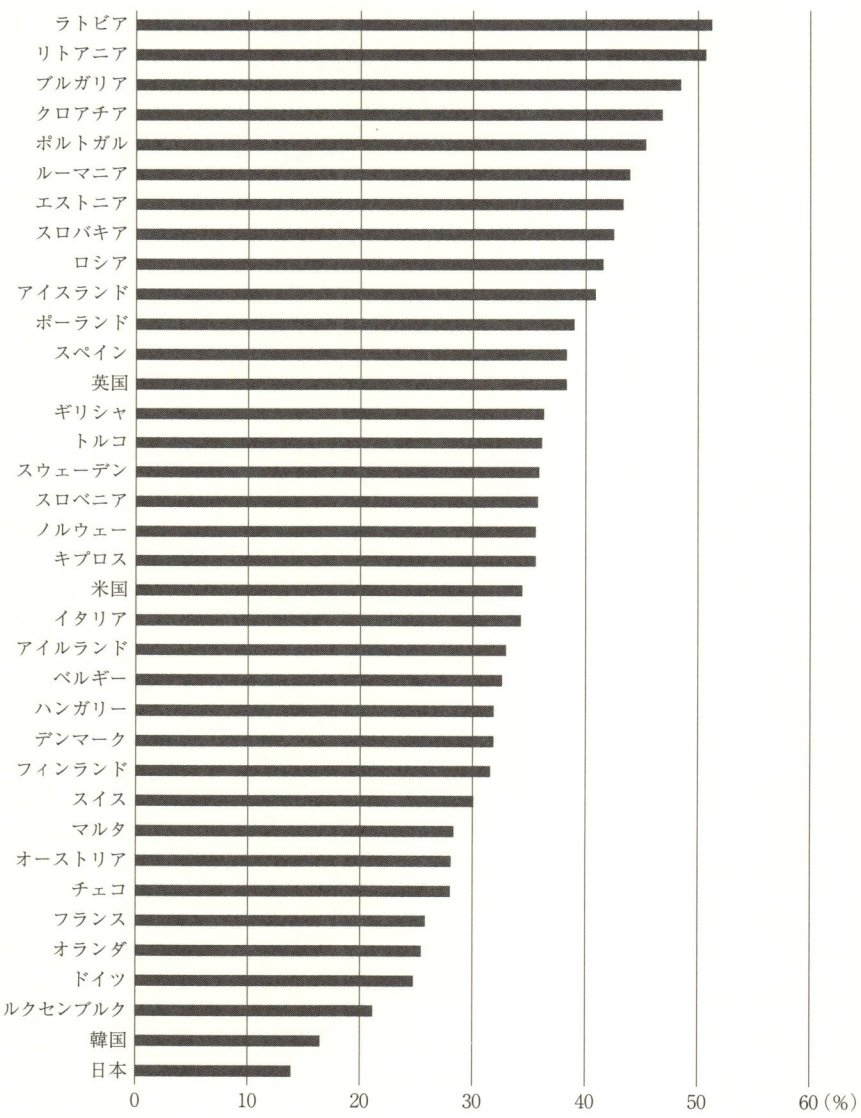

国	割合(%)
ラトビア	約52
リトアニア	約51
ブルガリア	約48
クロアチア	約47
ポルトガル	約45
ルーマニア	約44
エストニア	約43
スロバキア	約42
ロシア	約42
アイスランド	約41
ポーランド	約39
スペイン	約38
英国	約38
ギリシャ	約37
トルコ	約36
スウェーデン	約36
スロベニア	約36
ノルウェー	約35
キプロス	約35
米国	約34
イタリア	約34
アイルランド	約33
ベルギー	約33
ハンガリー	約32
デンマーク	約32
フィンランド	約32
スイス	約30
マルタ	約28
オーストリア	約28
チェコ	約28
フランス	約26
オランダ	約25
ドイツ	約25
ルクセンブルク	約21
韓国	約17
日本	約14

注：EU加盟国等の値は推定値，暫定値を含む。スロバキア，チェコは2011年。スウェーデン，ベルギー，デンマーク，オーストリア，オランダ，ドイツ，ルクセンブルクは2009年。ギリシャは2005年。他の国は2010年時点。日本の数値は2012年3月31日現在。米国の数値は2003年時点の数値。

出所：内閣府男女共同参画局『男女共同参画白書 平成25年版』，121ページ。

図9　分野別に見た大学等の研究本務者の割合

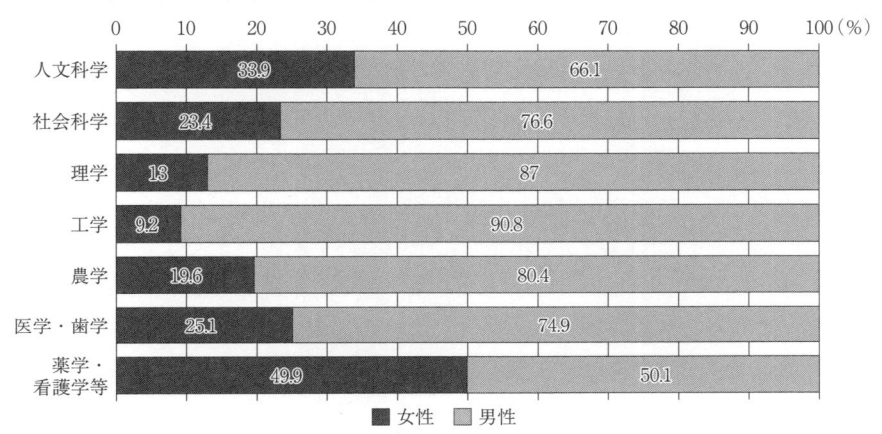

分野	女性 (%)	男性 (%)
人文科学	33.9	66.1
社会科学	23.4	76.6
理学	13	87
工学	9.2	90.8
農学	19.6	80.4
医学・歯学	25.1	74.9
薬学・看護学等	49.9	50.1

出所：内閣府男女共同参画局『男女共同参画白書 平成25年版』，122ページ。

産・育児との両立能力にまで拡張することが懸念されています（嶋崎尚子ほか「アカデミック・キャリア形成の現状」）。

図8からも明らかなように，日本における女性研究者の割合は，他の諸国に比べて著しく低いといえます。図9に詳しく示されるとおり，この傾向は理工系において顕著ですが，女性が博士課程の院生に占める割合が高い人文科学（53.4％）や社会科学（36.4％）の現状を鑑みれば看過できる問題ではありません（『学校基本調査報告書』2013年度版）。

そこで上記の問題関心を受けて企画された講習会が「妊娠・出産・育児期における研究キャリア形成——現役院生とOB・OGが語る」です。同講習会では博士課程在籍中に2人の子を出産した大学教員，同じ経済学者の妻をもち，2児を育てている大学教員，そして出身国がそれぞれ異なり，現役の留学生でもある夫婦をゲストスピーカーとして招聘しました。登壇者に男女が均等に配分されている点は，男性も等しく育児や家事を担う必要性を参加者たちと再確認するという，ごくあたりまえのことを再確認するという意図が背後にあったからです。

すべての報告者から指摘されたのは，研究時間の確保の難しさです。講習会では日々の育児に加えて，子の風邪や病気で研究の一時中断を余儀なくされた

経験，そして自身の体調が優れぬなかでおこなった，子の就寝後・起床前の執筆活動経験などが共有されました。そこで強調されたのは，日々の時間をうまく配分することや，複数の仕事や余暇を一度にこなすという，あたりまえのようで困難な実践です。最近では育児期にある研究者の間でワークライフバランスに関する意見交換会も企画されていますが，その一例として提示されたのは，日本組織学会の会員の間で実践されている"Breakfast Meeting for Women (BMW)"です。そこでは，学会出張時に子の面倒を配偶者またはその家族にどう頼むか，子が急に熱を出したときはどうするか，子育て中に研究業績をどう出していくかなど，育児期にある会員たちが抱える悩みが共有された点，そして男性研究者たちが興味津々と議論の輪に加わった点が紹介されました。

　発達段階から見た場合，育児は〈乳児期→幼児初期→幼児期→学童期〉の各段階でその内容が異なります。とりわけ，初期段階にあたる乳児期と幼児初期においては，女性の物理的・時間的な負担が増すといえます。本講習会では，そのようななかでも調査を企画・実施し，さらに海外の学会で報告した事例が報告されました。たとえば，留学生からはそのような過程において育児面で頼ることになった出身国の家族や，夫からのサポートがあった点が強調されました。いずれにせよ，重要な点は長期にわたる育児期間を通して双方の負担を分かちあう姿勢にあるでしょう。そして，育児にともなう研究時間の確保は，両親に頼れない場合は当然のことながら困難になります。本講習会で招聘した登壇者たちは，いずれもそのような経験をした研究者たちです。

　政府や独立行政法人による若手研究者支援には，たとえば科学技術振興機構が進めている「女性研究者支援育成モデル」（2006〜2012年度）や「女性研究者研究活動支援事業」（2013〜2015年度）があります。洋の東西を問わず高等教育機関にも残存する性的役割分業規範，女性の妊娠から育児に至る過程での研究の中断，職場復帰などの諸問題を鑑みれば，非常に意義深い試みであるといえます。しかしながら，その一方で支援対象が多くの場合，常勤の研究者に限られる点や，女性のみが育児や家事といった再生産労働を担う主体であるという認識が採択校のプログラム名称に見え隠れしている点には注意が必要です。

　このことは，院生や非常勤講師などに応分の機会が配分されていないことにもつながります。そして，院生やポスドクであれば自身の教育業績や研究業績

向上の観点から，非常勤講師，調査の実施，海外・国際学会での報告が必須用件となりますし，そのための資金源の工面も大きな問題となります。この点について，同講習会で講演をおこなった院生の夫婦は，以下の苦労ならびに工夫を報告してくれました。

◎奨学金への応募は年齢制限やオーバードクターであるという理由で制約がある。
◎夫婦同士であれば，オーバードクターでも授業料免除が適用される大学もある一方で，一橋大学ではその取り組みがなされていない。
◎育児に加えて，博士課程での研究は「仕事」であるため，アルバイト等への従事は困難である。
◎こうしたなかで奨学金への応募に注力し，富士ゼロックスの助成金，海外機関の助成金，一橋大学の研究助成金，子育て中の女性研究者向けにある企業が提供する助成金を獲得することで，海外での現地調査が遂行できた。

一橋大学にも妊娠・出産を機に研究の進捗が遅くなる／なったことを悩みとする女性の院生やポスドクが少なからず存在します。院生の場合には休学，ポスドクや非常勤講師の仕事によっておもに生計を立てている研究者にとっては，研究と教育の一時中断が現実的な選択肢となります。同講習会では，子を設けることへの計画性も指摘されました。しかしながら，博士課程やポスドクの時期にはアカデミック・キャリアの形成もさることながら，結婚や出産，育児といった家族形成上，重要な出来事を経る研究者も少なくありません（前掲「アカデミック・キャリア形成の現状」，32ページ）。その場合，むしろ生活基盤が不安定な院生やポスドクへの支援を手厚くする制度変革（たとえば学振特別研究員のRPDカテゴリー枠の拡充）や，女性研究者をパートナーとしてもつ男性が家事労働や育児で活躍するといった意識の覚醒や行動面での変革がまず求められるでしょう。さらに，非就労という理由で認可保育所への優先順位が下がってしまう院生にとっては，日本の多くの大学で長らく要求されてきた保育所の設置も待ったなしです。

上記の事例から，留年者の内実を直視せずに，修業年限内の課程修了ばかりを強調することがいかに不毛であるかが看取できたかと思います。出産・育児期にある院生やポスドクの研究上のハンディキャップを深く理解したうえでの大学院教育，そして国や企業からの研究支援が今後，より拡充されるためには，まずこうした意識からの脱却が必要であることはいうまでもありません。

9 ｜ 単線的なキャリア観を超えて

　本章では，大学教授職をめざして切磋琢磨してきた一橋大学の院生による研究実践を紹介するとともに，彼／彼女たちが講習会を通じて共有してくれたノウハウを提示しました。現在の大学教員市場はこれまで以上に予測・計算不可能性に特徴づけられ，単線的なキャリア観，つまり「迅速で継続した「一連の行為」，不断の処理（rapid and continuous "course of action", uninterrupted procedure）」または「絶頂期で「とんとん拍子」にある一個人の活動（the height, "full swing" of a person's activity）」（*Oxford English Dictionary*）という捉え方では，アカデミック・キャリア形成にかかる困難はとても把握できません。大学が予算面や人材面での縮小を余儀なくされ，さらに大学運営の透明性が強く要求されるなかで，若手研究者の需要は減り続ける一方です。少ないパイをめぐっての競争，そしてそれを支える政策や高等教育の構造を変革することは不可能ですが，本章で示したノウハウが，研究者を志す院生やポスドクにとり有益なものとなることを願ってやみません。

第3章
博士号取得者のキャリア形成から学ぶ

　前章では，院生が研究者としてキャリア形成をしていく際に心がけておくべき諸点を，一橋大学学生支援センター・キャリア支援室大学院部門で実施したアカデミック・キャリア講習会での知見にもとづいて提示しました。同部門ではまた，2011年5月から発行しているメールマガジンの特集として，毎号「先輩キャリア・インタビュー」も掲載しています。これは，一橋大学大学院を経て大学や企業等に就職した人々にインタビューをおこない，進路選択の経緯や調査研究のプロセス，就職活動の経験，働くなかで感じていることなどを紹介したものです。

　本章ではこのうち，大学の専任教員となった8名の方々へのインタビュー記事を素材として，アカデミック・キャリア形成において留意すべき重要な事項を実践的に学んでいきます。以下，まず調査研究活動と成果発信に関して，ついで生活面での工夫と就職活動について指針を得ます。そして最後に，院生時代にしておくべき「3箇条」として，現在の／これからの院生へのメッセージをまとめてみましょう。

1　先輩たちのプロフィール

　はじめに本章で登場する気鋭の研究者たちのプロフィールを紹介しますが，これらの皆さんは，迷いも苦労もなく「スムーズ」に博士論文を完成させ，大学教員としての職業人生を歩みだしたわけではありません。将来像が描きがたい状態のまま研究を続ける過程で生じる不安や焦燥，そのなかでもキラリと光る学問の喜びを，先輩の教員たちは後輩の院生たちと共有しているのです。本章は，そのような信頼感とともに読み進んでもらいたいと考えています。

石井穣さん（関東学院大学経済学部准教授）

2000年，一橋大学大学院経済学研究科博士後期課程に入学，2009年に修了。2010年4月より現職。専門分野は古典派経済学。

著書に，『古典派経済学における資本蓄積と貧困——リカードウ・バートン・マルクス』（青木書店，2012年，単著），『経済思想のなかの貧困・福祉——近現代の日英における「経世済民」論』（ミネルヴァ書房，2011年，共著），論文に，「ジョン・バートンにおける機械と失業」（『経済学史研究』48(2)，2006年，第5回研究奨励賞『経済学史研究』論文賞受賞）など。

呉世宗（オ セジョン）さん（琉球大学法文学部国際言語文化学科准教授）

2001年，一橋大学大学院言語社会研究科博士後期課程に入学，2009年に修了。2010年度には東京大学大学院総合文化研究科・教養学部付属グローバルCOE「共生のための国際哲学教育研究センター」（UTCP）特任研究員，2011年4月より現職。専門分野は日本近代詩史，在日朝鮮人文学。

著書に，『リズムと抒情の詩学——金時鐘と「短歌的抒情の否定」』（生活書院，2010年，単著），論文に，「許南麒の日本語詩についての一考察——歴史物語の構築と歴史からの撤退」（『論潮』6，2013年）など。

金ゼンマさん（関西外国語大学外国語学部専任講師）

2001年に韓国から来日，2004年に一橋大学大学院法学研究科博士後期課程に入学，2008年に修了。2008〜2009年に同研究科21世紀COE「ヨーロッパの革新的研究拠点——衝突と和解」研究員，2009〜2011年に早稲田大学アジア太平洋研究センター助教，2011年4月より現職。専門分野は国際政治経済，アジア国際関係論。

著書に，『グローバリゼーションとアジア地域統合』（勁草書房，2012年，編著），『アジア地域統合の展開』（勁草書房，2011年，共著），論文に，"Governance reconsidered in Japan: Searching for new paradigms in the global economic downturn"（*Korean Journal of Policy Studies* 25(1), 2010）など。

近藤康裕さん（慶應義塾大学法学部専任講師）

　2005年，一橋大学大学院言語社会研究科博士後期課程に入学，2010年に修了。2010〜2012年に東洋大学経済学部専任講師，2013年4月より現職。専門分野は近現代の英文学。

　著書に，『文化と社会を読む 批評キーワード辞典』（研究社，2013年，共著），『愛と戦いのイギリス文化史 1951－2010年』（慶應義塾大学出版会，2011年，共著）など。

酒井裕美さん（大阪大学大学院言語文化研究科准教授）

　2001年，一橋大学大学院社会学研究科博士後期課程に入学，2009年に修了。2005〜2009年には全南（チョンナム）大学校客員講師，東義（トンウィ）大学校講義専担教授。2009〜2010年に一橋大学大学院社会学研究科ジュニアフェロー（特任講師），2010年4月より大阪大学世界言語研究センター／外国語学部朝鮮語学科専任講師（2012年4月に言語文化研究科に改組），2013年4月より現職。専門分野は朝鮮近代の外交史。

　論文に，「統理交渉通商事務衙門の構成員分析——甲申政変前の朝鮮における「近代」と「親清」の実態」（『日韓相互認識』3，2010年）など。

高橋秀直さん（筑波大学大学院人文社会科学研究科助教）

　2000年，一橋大学大学院経済学研究科博士後期課程に入学，2010年に修了。2009年度には一橋大学グローバルCOE「社会科学の高度統計・実証分析拠点構築」COEフェロー，2012年4月より現職。専門分野は経済史。

　論文に，「1925年のイギリスの金本位制再建とロンドン外国為替市場への影響——当時の政策担当者の想定の検討」（『一橋経済学』6(1)，2012年），「1931年の「ポンド危機」——ロンドン外国為替市場における直物・先物レートとビッド・アスクスプレッドの検討」（『社会経済史学』75(1)，2009年）など。

丹野清人さん（首都大学東京都市教養学部准教授）

　1995年，一橋大学大学院社会学研究科博士後期課程に入学，1999年に単位修得退学（2003年に博士号取得）。2002年4月より東京都立大学人文学部社会学科

専任講師。首都大学東京への改組にともない，2005年4月より現職。専門分野は労働社会学，国際労働力移動，エスニシティ。

著書に，*Migrant Workers in Contemporary Japan: An Institutional Perspective on Transnational Migration*（Trans Pacific Press, 2013），『政治を問い直す1　国民国家の境界』（日本経済評論社，2010年，共著），『越境する雇用システムと外国人労働者』（東京大学出版会，2007年，単著）など。

山内雄気(ゆうき)さん（同志社大学商学部助教）

2006年に一橋大学大学院商学研究科博士後期課程に入学，2009年に修了。2009年度は同研究科ジュニアフェロー（特任講師），2010年4月より現職。専門分野は経営史。

論文に，「1920年代の銘仙市場の拡大と流行伝達の仕組み」（『経営史学』44(1)，2009年），「1920年代における百貨店の大衆化戦略」（『日本企業研究センターワーキングペーパー』88，2009年）など。

2　学び，調べ，書いて，出す

「現場」との出会い

修士課程を経て博士課程に進んだ大学院生は，最低でもそこから3年，場合によっては，休学を重ねながら5年以上をかけて調査研究を進めていきます。3年という博士課程の修業年限を超過した場合の身分保障は大学によって相違がありますし，博士課程での「時間のかけ方」についても大学や学問分野によって違いがあります。一般的に，異なる社会・文化でのフィールドワークや史料の読み込みが必要な分野の場合には，「5年10年は当たり前」という雰囲気が濃厚です。しかしいずれにせよ，博士論文の完成という最終目標のためには，集中的な勉強や調査が必須になります。そして，院生生活を終えて大学教員として働く研究者たちが共通して強調することは，「じっくりと調査や勉強に専念できるのは院生のころで，それを逃してはいけない」ということです。

社会学研究科出身の丹野清人さんは，院生時代には，日系ブラジル人を日本

に送り出すブラジルの企業や，来日した彼／彼女らを日本国内の工場に派遣する企業などで精力的な調査をおこないました。その調査経験をふまえて丹野さんは，フィールドワークや一次資料の大切さについて熱く語ります。

　僕の場合は工場のなかの労働者の問題というものを扱っているわけですけど，［中略］やっぱり外の世界には，本になっていない，眠っている情報がまだまだいくらでも残っています。［中略］眠った情報にさせてしまうと，ある時代にある社会にいて，なんらかの活動をしていたにもかかわらず，その人たちの存在であったり，その人たちの活動そのものがないことになっちゃうわけです。本来なら存在を示すことのできない人々がそこにいて，どういう生活をしていたのかとか，なにをして，どう思ってこの社会に生きていたのかということを，ちゃんと後世の人に伝えることが私たちのもっとも重要な仕事だと思うんです。［中略］
　埋もれていた話や情報を自分が見つけたときのあの喜びというのは，自分自身もなんか嬉しいところがあるでしょう？　他人(ひと)が嬉しいんじゃなくて，自分が「おおっ」と思うところがあるわけですよね。そういうのを楽しいと思ったときに，次の楽しみを見つけていく。なんらかの自分なりの楽しみ，楽しさを，一次資料のなかから見つけていく。それがわかったときの楽しさですよね。院生にはそこに気づいてもらいたいなと思います。理論は，政治環境や社会環境が変わるとともに変わっていっちゃうから，一瞬のものです。むしろ一次資料として残るものこそ永遠に残るものであるし，活字化していく意味のあるものだと思うから，自分が一次資料を見つけてくるということにどれだけの意味を見いだせるのかが一番重要なことだと思いますね。一次資料を見つけていく過程では，人との出会いがあります。いろいろ教えてもらったり，「こうだったのか」と気づいたり，本当にいっぱい得られるものがあります。

「現場」での人や資料との出会いは，学問の道に進み始めた院生にとって，きわめて大きな意味をもっています。それは，研究成果を発表していく際の分厚い蓄えになると同時に，不安が離れない院生生活での精神的な支えにもなり

えます。そしてこのことは，フィールドワークを必要としない研究の場合にも同様にいえることでしょう。英国の作家，D. H. ロレンスの研究をしている言語社会研究科出身の近藤康裕さんは，博士課程在学中に英国へ留学した経験について，こう話してくれました。

> 留学は本当に大きかったですね。英語にどっぷり浸って生活するというのは最初はなかなか大変でしたが，しだいに慣れてくるとディスカッションなどもできるようになりました。私はあんまり教室での議論は得意じゃないので日本ではおとなしかったりするんですけど（笑），イギリスではみんな活発に発言するので，これはなかなかいい雰囲気だと思い，積極的に発言することができました。それに，イギリスの大学院では，毎回ペーパーを出したり，ものすごく書かせるんです。それをやり続けていくとだんだん慣れていって，英語で論文を書くことに抵抗がなくなったのは，そうやって書き続けたこともあると思います。[中略]
>
> 　それから私が留学したノッティンガムは，D. H. ロレンスという作家の生まれ故郷なんです。私の研究テーマにとってのいわば本拠地で，先生と話をしていると現地の情報が手に入るというのは本当に最先端というか，かなり刺激的でした。ロレンスの資料館に原稿などが置いてあり，そこにも行くことができました。

研究対象である作家，ロレンスが生まれた「現場」に身をおき，ロレンスの母語でもある英語に浸って学んだことの意味が，こうした近藤さんの言葉から伝わってくるのではないでしょうか。また逆に，韓国から日本に留学して日本の FTA（Free Trade Agreement：自由貿易協定）政策の研究をしてきた，法学研究科出身の金ゼンマさんは，留学地である日本を研究対象としたことについて次のように語っています。

> 日本に留学しているということは，やっぱり日本のことを学ぶために来ていると思っていたんです。当初は日本の政治経済，とくに日本の政策決定に実際に携わっている人たちに興味がありました。その場合，おのずと日

本が研究対象になるわけですし，実際に日本に長くいなければこのような研究は達成されません。ただ，最初から韓国のFTAや日本のFTAに限定するのではなくて，とりあえず博士論文では日本のFTAを徹底的に追究して，博士号を取ってからは比較研究として韓国のFTAと日本の両方をやる，というふうに自分の研究を広げていきたいと思っています。じつは当初，比較研究をやろうと思っていたんですけれど，指導教員から比較研究の難しさをご教示いただいていましたし，「分野を限定してそれを徹底的に追究するのが博士論文である」という考えに共感して，博士論文の対象を日本に絞りました。

　金さんは最終的に日本のFTAに博士論文の対象を絞ったわけですが，卒業論文や修士論文でさえ，「調べていくと，どんどん広がって収拾がつかなくなる」経験をした院生は少なくないと思います。博士課程での調査研究は質量ともに修士課程を大きく上回ってきますので，時間をかけて「現場」に行ったり一次資料を渉猟したりすることが必須である一方，「涙をのんで」対象を限定する判断をどこかでしなければなりません。社会学研究科出身の酒井裕美さんは，日本による植民地支配がおこなわれた時期に関心をもって，朝鮮の近代史を研究していました。しかし，「植民地期のことを考えようとすると，どんどんさかのぼっていって」，博士課程の間に具体的な研究対象として読み込んだ史料は，1882～1884年という2年間に残されたものとなりました。この思いきった対象の絞り込みについて筆者が質問したところ，酒井さんは次のように答えてくれました。

　　私もゆくゆくは日清戦争まで，1894年まで研究したいと長いスパンでは考えているんです。ただ，1882年と84年にそれぞれ壬午軍乱と甲申政変という大きな事件が起こって，それが画期になっていると感じたので，そこに注目することは時期が短くても意味があるだろうとまず考えました。あとは，方法が歴史学なので，史料をどれだけ細かく見るかに研究の意義をおく方向でやりたかったのです。そうすると実際，期間が広がると細かく見ることはできないんですよね。時期は短くてもその期間に残っている史料

は全部読んだうえで考える，という方法をとるとしたら，絞るしかない。方法論的に絞った面もあるんです。

　このように，なにに焦点を当ててなにを明らかにするのかという内容面での思考を深めつつ，同時並行で，そのためにはどのような方法が望ましいのかを考えて研究計画を立てる。そして，両者を組み合わせることでおのずと対象が限定され，研究の方向性も定まってくるのでしょう。しかしそれも，「現場」でのフィールドワークや学修，一次資料収集による蓄積があってこそ可能なことです。

研究の資金調達
　さて，こうした留学や海外での調査はもとより，国内でのフィールドワークや一次資料収集でも相当な費用がかかります。その資金を得るために，大学院生は，大学や民間等の助成金を探して申請していくことになります。博士課程在学中に韓国に留学した酒井裕美さんは，「修士の段階で留学できるならしたほうがいい，もっと早く行ければよかったなっていう気持ちもあります」と述べていました。この発言のとおり，留学や海外調査が必要となる分野では，留学先・受け入れ先の開拓やビザ取得に予想外の時間と労力がかかることも珍しくないわけですから，早めに動くことが肝要です。英国に留学した近藤康裕さんの経験に耳を傾けてみましょう。

　　博士に行くことを決めた段階で，とくに私のように英語，英文学をやっている者は留学が必須であり，博士のなるべく早い時期に行ったほうがいい，と先生方にいわれました。博士1年の夏から準備を始めて，2年の夏から留学に行くというかたちになるだろうと考えていました。[中略] アメリカにはフルブライトのような奨学金がありますが，イギリスに行くのにはそういうのがあまりありませんでした。1年くらいの期限ですが，一橋に如水会［一般社団法人如水会：おもに一橋大学の卒業生・修了生からなり，一橋大学の後援等をおこなっている］の留学制度があったことがけっこう大きくて，イギリスで1年でMA［修士号］を取る，ということを博士

に進んだ段階から考えようと思いました。そこで，博士に入った年から如水会の奨学金に応募したり，イギリスの大学院のいろんなコースを調べたりし始めました。博士1年目の夏に如水会の面接を受け，資金をいただけることになって，1年間留学に行くことになったんです。

　留学を支援する奨学金は大学によって相違があるので一般化はできませんが，このように複数の角度から早めに可能性を探り，「ダメもと」の気持ちでとにかく申請してみることが重要です。これは，調査の旅費や資料費を提供してくれる助成金についても当てはまります。

　言語社会研究科出身の呉世宗さんは在日朝鮮人の詩人，金時鐘(キム シジョン)の研究者ですが，在学中に，韓国で資料を収集するため複数の助成金を受けました。具体的には，日本財団と小林節太郎記念基金，松下国際財団（現松下幸之助記念財団）の助成金をそれぞれ別の年に取り，一方で，トヨタ財団の研究助成や日本学術振興会特別研究員（PD）は不採用になったということです。このようにダメなときもあれば取れるときもあるわけですから，一度申請して不採用だったとしても，「翌年は取れるかもしれない」と，プラス志向で再チャレンジすればよいのです。筆者の例を出すと，博士課程の2年目に申請したトヨタ財団，松下国際財団，学振特別研究員（DC2）はいずれも不採用でした。しかし続く3年目に，応募するかしないか迷ってギリギリで再度申請したトヨタ財団の助成金を取得でき，2回の渡米調査や4回の国内出張調査が可能になりました。筆者は，こうした申請書を指導教員や院生仲間，パートナーに読んでもらい，手直しをしていきました。この点に関連して，丹野清人さんは次のように語っています。

　　学振の応募書類や，トヨタ財団，松下国際財団など，大学院生でも応募できる助成財団にアプライする企画書をお互い見せあいながら，「ここはちょっとわかんないよ」とか，学問分野が違うからこそいえる部分もある。ああいう企画書の場合は専門分野の人に納得させるだけじゃなく，専門からちょっと外れた人が見て，社会科学という広い範囲のなかで意味のあるものにしないと，お金やポストにはつながらない。だから，学問分野が少

し違う人に見せたときに意味のあるものにするというのが重要で，そのためにも見せあいっこする仲間はまちがいなく必要だと思います。ポストもお金も，その資源を自分で確保しないことには研究を続けられないので，そのための条件を自分たちで整えていく。

　奨学金や助成金の申請書は，専門分野が異なる人を説得しなければならないため，自分の関心や研究内容を相対化する重要な契機となります。また，ゆくゆくは研究者としてさまざまな計画書や応募書類を書いていくわけですから，そのトレーニングにもなります。以上に述べてきたことから，奨学金や助成金を申請する際の注意点として，(1)早めに動いて複数の可能性を探ること，(2)何度不採用になってもあきらめないこと，(3)忙しくてもなんとか書いて出すこと，(4)できれば周りの人に読んでもらうこと，を押さえておきましょう。

投稿論文から博士論文へ

　それでは次に，「学び，調べる」局面から「書いて，出す」局面に移りたいと思います。研究者の仕事は「学び，調べる」だけでは成立せず，そこから新しい議論を導きだし，論文を書いて学界や社会に対して発表することで意味のあるものとなります。そして，この「論文を書く」という孤独な作業は，それが「好き」な人にとってですら苦しいときがあるものです。しかし，研究という営みが性に合っている人にとっては，書くことをとおして得られる充実感が書く過程での苦労を凌駕し，いわばそれがやめられないのでしょう。このようなタイプの人でなければ，大学院で通過せざるをえない「書いて，出す」という局面は，プレッシャーと苦痛に圧倒されてしまう危険性をはらんでいます。研究者というキャリアを選択する場合には，このことをまず認識しておいてほしいと思います。

　さて，博士課程における最終目標は博士論文ですが，これは質量ともにボリュームのあるものになり，学位取得後に書籍としての出版を検討できるケース（そして出版が実現するケース）も珍しくはありません。一般に博士課程の院生は，紀要や学会誌などへの投稿論文を数本発表し，それに加筆しながら博士論文を書いていくわけです。もちろん，研究テーマや院生の性質によっては，投

稿論文を「省略」して大部の博士論文をいきなり書き下ろすケース（じつは筆者がそうだったのですが）もありますが，丹野清人さんが以下で述べるように，これは積極的におすすめできるやり方ではありません。

> 一橋の社研［社会学研究科］のなかにいるとのんびりした雰囲気があって，投稿論文を書かねばならないということに対して，切迫感があまりないんですよね。最近は課程博士論文を書かなきゃいけないという雰囲気があると思うから，博論をちゃんと書くようになったと思うんですけど，博論を書く前に書かなきゃいけない論文が少ない。僕も実際に，D3［博士課程3年］のときまでは論文ゼロです。たまたま僕の場合は外の研究会とかに行く機会が多くて，「このままじゃまずいぞ」とD3のときにようやく思いました。まわりはいってみれば，第二次世界大戦にたとえると「大艦巨砲主義」なんですよ。戦艦大和1隻つくって，その巨大戦艦でボーンとでっかい花火を打ち上げて突破するという考えの人が多くて，いきなりマスターピースをねらうんですよね。［中略］
> 　それは良い伝統であると同時に，悪い伝統でもある。前みたいに，親分の「鶴の一声」で就職が決まったり，人の伝手だけでポストが決まったりした時代ならたぶんそれでいけたと思います。だけど，いまは公募がかかる。公募をかける以上は説明責任が出てくるんです。［中略］説明責任が求められるような環境になってくると，「大艦巨砲主義」はダメなんですよ。アメリカ的な空母のように艦載機を載せてパンパンパンパン機動部隊で挑んでいかないと，説明力をもてない。1本の優れたマスターピースをもつよりも，艦載機としての論文が5本より7本，7本より10本もっている人のほうがいまの時代は強い。

このように就職とも関連した理由で，「いきなり博士論文」はあやうい選択だということです。しかし一方で，400字詰め原稿用紙換算で50～80枚程度の投稿論文と，数章を筋道立てて構成する「大きな仕事」である博士論文との関係の取り方も，多くの院生が悩むところだと思います。

商学研究科出身の山内雄気さんは，早めの計画を実行に移しながら博士論文

を3年で書き上げました。山内さんの周囲では，「博士論文ってパッチド・ワークじゃダメ」，「論文を組み合わせました」じゃダメですよね。「［博論は］全体を構想しながら各論文を書くということにつながるから，研究者として重要な能力を涵養する場でもある。だから，そこはがんばってやっていこうぜ」という空気」があったといいます。山内さんは，次のような方針で学会報告や投稿論文の執筆を進めていきました。

> ［私は］ひとつ目標を設定していました。10月の学会で報告するとか，2月の学内研究会で報告するとか，そういうのを半年，4カ月，5カ月に1個つくっておいて，そこに間に合わせるように強引に論文にするんです。「ここをもうちょっと調べなきゃいけない」と思っていても締切があるので，「ここはあとで加える！」っていうふうに割り切っちゃって，とりあえずペーパーとして6割から7割の出来でいいから完成させるというように，どんどんパーツをつくっていきました。

そして博士論文については，山内さんは，博士課程2年目ですでに全体の構想を考え始めたといいます。

> 最初に博士論文の骨子の部分ができたのは，D2［博士課程2年］の夏ですね。10月に博士論文の中心となる論文を脱稿して，そこから一気に足りない部分を書き上げていきました。もともともっていたアイディアに沿って史料を集めて書く，というわけです。［中略］その論文を中心に，博士論文に必要になるであろうパーツをつくり上げていったという感じですね。2本目の論文は，技術に関するものですが，D2の11月の頭から書き始めて，2月頭の研究発表のときまでに書き上げました。D3のときに，3月から8月にかけて，百貨店の論文と消費者の論文を一緒に書いていった感じですね。そこから海外のジャーナルに投稿しようと思って論文を英語にリヴァイスしたり［中略］，海外にも目を向けつつ，最終的に博士論文にたどり着いたという感じです。

こうして執筆を進めた山内さんですが，博士論文全体をまとめるフレームワークが出てきたのは締切の1カ月前，「そこから全体を書き直して，組み替えて，「おわりに」を書いて，「はじめに」を書いて，完成」させたということです。筆者の経験でも，全体を通底する論点がほんとうにクリアに見えたのはやはり中身を書き終えたあと，博士論文提出日の約2カ月前でした。そこから1カ月で結論を書き，最後の1カ月で全体を修正したわけです。「そんなにバタバタなのか」と驚かれるかもしれませんが，逆にいうと，対象を限定して問題意識や方法を練り上げ，そこからぶれずに中身を書いていけば，最後の段階で結論はおのずと見えてくるものだ，ともいえましょう。
　投稿論文から博士論文へというこのプロセスについては，近藤康裕さんの話も聞いてみましょう。

　　博士課程に入った段階で，博論に応用する論文は，なるべくコンスタントにパブリッシュできるようにしようとは思っていました。［中略］最初に1本論文を書いたら，それに結びつくかたちで次の論文を書いて，それを書いたら2番目に結びつくかたちで3番目を書いて，4番目は1，2，3をふまえてうまくつながるようにと。論文を書くときは，前に書いた論文とどうつながるかというのをずっと考えて書いていました。もちろん博論をまとめる際には，博論のために新しく書いた章もあり，そういう章に合わせて，すでにパブリッシュしたものを直した部分もあります。ですが，だいたいつながるようにはなっていたので，博論のために書いた章を軸にして，それに合わせてすでにパブリッシュしたものに手を入れるというかたちで書き進めました。
　　最初の投稿論文は博士課程の2年目の夏，留学に行く前に書いて投稿したのですが，博論を書くことを意識してというよりも，とにかく書けるものを書いていこうと思いました。

　「書けるものを書いていく」というこの姿勢と，複数の論文の「結びつき」については，経済学研究科出身の石井穣さんの経験からも学べるところがあります。年に1～2回は学会報告をして，それをかならず論文にするという方針

で研究を続けた石井さんは，投稿論文の積み重ねについて次のように語っています。

> 投稿論文，とくに最初の論文を書くとだいたい資料とか素材が集まってきて，未解決の問題とか関連する別の問題というのがかならず出てくるんですね。それを基礎に2本目，3本目を追うというふうに書きまして，そういうかたちでかなり論文間のつながりが強いように公表していきました。ですので，結果的にはひとつの話になるように複数の論文を書いていきました。［中略］
> とくに1本目というのはかなり手探りですよね。たぶん多くの人もそうだと思うんですが，さしあたり論文に必要のないような資料も集めて，そこからいろいろ検討して論文を書きます。そうすると，［中略］まわりにのりしろというと変ですが，論文を書くのに必要な分を超えたようなアイディアとか資料がかならずそこにできると思うんです。

こうした先輩たちの実績から，投稿論文を博士論文に発展させるためのポイントとして次の諸点が見えてきます。(1)完璧をめざさず書けるものからコンスタントに書いていく，(2)論文間の「結びつき」を見逃さない（書きながら／書いたあとで気づくこともある），(3)個別の論文を書きながら博士論文の全体構想を見据える。これにもうひとつ，論文を「見せあいっこ」できる仲間の存在——丹野清人さんが語っていたことです——も，博士論文の完成を推進してくれるものとして付け加えたいと思います。

3 「暮らしていく」ために

「入院」生活のやりくり

ところで，このように論文を書いていったとしても，そのこと自体は人が「暮らしていく」ための「食い扶持」を与えてはくれません。大学院生は，不安を抱えながら研究を進める一方で毎日をやりくりしなければならないわけで

すが，その間に生活が不規則になったり，体調を崩したりすることもあるでしょう。酒井裕美さんは，「大学院生活は，自分がこれから研究者としてやっていけるのかとか，博士論文を書いたところでその先どうなるのか，「入院」生活とか俗にいわれるくらいの不安の連続」だった，と語っていました。石井穰さんはまた，大学院時代に「生活のリズムが崩れがち」の時期があったことを，反省点として挙げていました。

　いうまでもなく，「入院」とはあくまでも「大学院への入院」であり，それが「病院への入院」に転換しないように，日々の生活をそれぞれのやり方で工夫することも大変重要なことです。筆者のやや特殊な例を出すと，博士課程の後半3年間は近郊の「体験農園」に参加して野菜を自給し，それが「入院」後半の身体的・精神的安定の糧になりました。一方で山内雄気さんは，院生時代の生活パターンについて次のように話してくれました。

　　D1〔博士課程1年〕の冬休みから本格的にいまの研究の資料を集めるようになりまして，その時期から，「月月火水木金金で大学に来る」っていう感じで，土日とか関係なくなりまして。朝10時に大学に来て夜8時に家に帰る，というふうに2年間を過ごしました。〔中略〕完全に，「時間を決めてその期間はやる」というかたちにしていました。〔強調は引用者〕

　山内さんは，きわめて意識的に日中に研究を進めたわけです。一般的に大学院生は，とくに博士課程になると午前に予定が入ることが少なくなり，塾講師などのアルバイトも夕方から夜にかけてが普通なので，夜型の生活になりがちです。もちろん「夜型＝生活の乱れ」という短絡化は偏向した生活観ですが，多くの時間を自分の裁量にゆだねられている大学院生の場合，「やるべきことが終わらずにダラダラと遅くなる。その結果，寝る時間も起きる時間も遅くなる」というケースが多いのではないでしょうか。

　こうなってしまうとメリハリがつかず，集中力も散漫になります。少なくとも筆者の経験では，夜型だった修士課程から博士課程前半よりも，朝型に変えた博士課程の後半以降のほうが健康状態は良く，集中力も上がりました。朝型を絶対視するわけではありませんが，「時間を決めてその期間はやる」ことで

研究の効率や質を上げるためには，早めに起き，夜間は身体と頭を休めることに専念するほうが得策と思われます。論文の締切や課題が重なっているときは，深夜に食い込ませず，早朝に起きることを一度でも試してみるとよいと思います。

　さて，ここで「入院」生活の不安という点に立ち戻ってみると，これは就職という将来的な問題のほかに，眼前の経済的不安定も大きく関与した「不安」であるわけです。日本学生支援機構の奨学金をとっていれば，博士課程の3年間は月々10万円程度の貸与があります。しかし奨学金には期限がありますし，学費，家賃，生活費すべてをそれでまかなうのは難しく，アルバイトをしなければなりません。

　留学後の数年間は韓国の大学で日本語教員をしていた酒井裕美さんも，院生の経済的問題について次のように話していました。「勉強を続けながら，しかも年も年だから親の世話になってはいられない。アルバイトでもけっこうな時間と労力がかかりますし，私も塾講師をやっていたんですけど，それで研究に集中できないことがあります。そこが，長い期間になると余計に難しくなってくるだろうなっていうのがありますね」，と。筆者にはここで「うまい稼ぎ方」の指南をすることはできませんが，それでも，本章に登場する方々の経験から学べることを少しでも探りたいと思います。

　複数年にわたって助成金を獲得した呉世宗さんは，博士課程入学後の3年間を終えたあとは，次のように過ごしていたと語っていました。

> ［助成金で韓国へ調査に行くほかは］アルバイトをしながら過ごしていたんです。東大の先端科学技術研究センターにいらっしゃった，視覚障害の研究者である星加良司先生（東京大学大学院教育学研究科附属バリアフリー教育開発研究センター専任講師）のお手伝いをしながら過ごすというのが，博士論文を書く2年くらい前から数年続きました。それはアルバイトだったのでアカデミック・キャリアにつながるものではないんですけど，ただ大学の中を知ることができたんです。大学の生活っていうのは，研究があって教育があって，これは外からよく見えるんだけれども，行政のほうですよね。大学院生に見えないようなものをそこで垣間見ることができた（笑）。

大学院生のアルバイトとしては塾講師が一般的だと思います。筆者も7年ほど高校生相手の「塾」（教材販売会社）で講師をしましたが、これはのちに、近年の大学生の学力に授業内容を適応させるうえで非常に有益でした。近藤康裕さんも、「修士のときに中学生・高校生を対象とした塾講師をやっていたこともあり、そこで中学生に基礎を手取り足取り教えた経験は［大学教員の仕事に］役に立ちました」と語っています。一方で、呉さんのように大学関係のアルバイトもあるわけです。その経験に見られるように、大学でのアルバイトをとおして将来の大学教員職をイメージすることができるでしょうし、また、研究者・教育者としてのキャリアに結びつく伝手が生まれることもあると思います。実際、呉さんがのちに博士論文をもとにした著書を出版した際には、東大でのアルバイト経験で得た人脈が有効に働いたのです。
　このように生活費を稼ぐにしても、博士論文を書き上げたあとの大学教員職を見据えてアルバイトを探し、また、研究者・教育者としてのキャリアにつながる意味づけを日々の労働の過程でなしていくことが、経済的のみならず精神的安定にとっても重要になるのでしょう。

大学教員職への応募

　ここに至ってようやく、大学教員になるための就職活動に触れるときがきました。厳しい大学教員市場についてはマスコミでも取り上げられて久しく、本書でもすでに言及しています。もちろん、大学教員職は人文・社会科学系大学院生（博士課程）の就職先として唯一のものとはいえず、むしろ就職先をより多元的に拓くことが、「有能な人的資源の有効活用」としてはあるべき姿なのかもしれません。しかしそうはいっても、20代から30代にかけての大半を学問に打ち込んできた院生にとって、自分が「就く」に値すると実感できる「職」は、やはり大学等での研究・教育職なのではないでしょうか。また実際的な問題として、30代以上の「若手」大学院修了者／単位取得退学者が企業等で正規雇用される可能性は低いことも現実です。以上を考慮して、専任教員がめざすべき唯一の「成功例」ではないですけれども、ここでは大学教員に向けた就職活動に絞り、先輩たちの経験に学びたいと思います。
　大学教員職が公募制になった現在では、求職中の研究者は「研究者人材デー

タベース(JREC-IN)」に登録し,そこから配信される公募情報を確認して応募するパターンになっています。履歴書や研究・教育業績書の作成,主要な業績の用意,提出書類(今後の研究計画,教育への抱負,担当が予定される科目のシラバスなど)の執筆など,応募書類の作成には大変な労力がかかります。応募先の大学(学部,学科)の理念や体制などを検討する必要がありますし,提出書類の形式が微妙に異なるため多くの場合に微修正が必要で,さらに,数十倍の倍率も珍しくないことから気力もそがれがちなわけです。こうした状況のなかで,本章で登場する研究者の皆さんは次のように就職活動をおこなってきました。

酒井裕美さんの場合は,博士課程修了後に一橋大学大学院社会学研究科ジュニアフェロー(課程博士号授与者のなかから3名を選抜し,2年間の任期付き特任講師として雇用)に着任し,任期1年目のうちに就職活動を開始して大阪大学への就職が決まりました。その経緯について酒井さんは次のように語ってくれましたが,応募したなかで,書類選考を通過して面接までたどり着いたのは現職のみだったといいます。

> ちょうどゼミの先輩でジュニアフェローをしていた方がいらっしゃったので,そういうものがあることはわかっていました。でもやっぱり採用は3人だから,それだけを期待できるものではないこともわかっていました。ただ,博士論文を書きながら大学教員の公募に応募する余裕はとてもなくて,在学中は公募に出していなかったですね。博論を書いたあとにどうするかを考えたときに,まずジュニアフェローに応募してみようという考えはありました。[中略]
>
> [そして,]ジュニアフェロー着任から約10カ月の間に30校くらいは出したんじゃないかと思うんです。歴史学,東洋史の公募にはもちろん出しましたし,あとは朝鮮語,韓国語,韓国学とか,教養系の公募にも出しました。[中略][応募書類は,]博士論文を含めて3本の論文を提出しましたが,これをしっかり審査していただいたみたいです。

一方で,酒井さんと同様に任期付き教員を経て専任職に就いた金ゼンマさん

は，任期1年目は研究に集中し，応募をしない選択をとりました。任期の1年目をどう過ごしたかという点について，金さんは次のように語っています。

> 最初の1年目はCOEで十分な支援をいただいて，アメリカのInternational Studies Association（国際学学会）という，国際関係論では国際的に一番大きな学会などにまず行くという目標を立てていました。また，COEの助成をいただいて，イギリスのPolitical Studies Association（英国政治学会）で報告したり，韓国の国際政治学会で報告したりしました。とにかく，業績がないとぜったい先に進めないと思っていました。おりしも共編著も出さなければならなかったので，とりあえず最初の1年間は研究に専念しようと思っていました。やっぱり研究職への応募と研究の両方をやると，どっちもできなくなるんです。応募するのってすごく時間と労力がかかるじゃないですか。それで研究に専念しました。

　博士課程を修了し，いわゆる「一本釣り」または学内公募で，あるいは一般公募で任期付き教員職を得た場合は，自分自身の研究，当該職の業務，次の職に向けた応募活動のバランスをうまくとりながら日々の業務や研究を進めていく必要があります。この点については，任期の期間，当該職の性質（研究・教育が中心か，プロジェクト運営か，など）や業務量，学問分野によって異なる大学教員職の需給状況，自分の研究の進行状態や業績数などによってさまざまな対応が考えられ，「正解」はありません。ただ，このようにレベルの異なる諸要素を考慮しながら，積極的に応募する1年にするか，それとも研究に力を注ぐ1年にするかを早い段階で決定し，「二兎を追う者は一兎をも得ず」になるのを避けることは重要なポイントといえます。
　以上の点を押さえたうえで，任期付き教員になった場合の過ごし方から，応募そのものに話題を戻したいと思います。先の酒井さんは歴史学や語学など複数の領域で応募しましたが，それに対して，研究の性質によっては分野を絞って応募するやり方もあります。石井穣さんは経済学史に限定して就職活動を続け，5～6年間に及んだその経験について以下のように述べています。

現在の勤務校に応募する際には，たしか5本の論文を送らなければいけなかったので，博士論文のほかに［ジョン・］バートンに関する論文を3本，リカードに関する論文を2本コピーして送っています。［中略］
　正確な数は覚えていないんですが，最初に公募に書類を出し始めてから，25から30くらい出したと思います。博士論文を書くまえ——じつはそのときは論文がなかったんですが——，OD［オーバードクター］になる2004年か2005年くらいから「ダメもと」で公募書類を送り始めました。やはり最初は［中略］一次審査で完全に切られてしまって，全然引っかかりもしない状況でしたね。面接まで呼ばれた大学は，現在の勤務校以外に3つでした。

　同じく経済学研究科出身の高橋秀直さんも，博士論文の提出前から，国際金融論や金融史などの分野で応募を始めていました。高橋さんも博士号取得後は提出書類に博士論文を含め，年に平均で10件くらい，合計50～60件ほど応募したということです。いずれの場合も採用理由は不明なわけですが——もちろん業績が評価されたことは確実です——，酒井さんや高橋さんは，次のような点が採用と関連したのであろう，とふり返っていました。酒井さんの場合は，応募先の学部は女子学生が大半であるのに男性教員がほとんどだったため，女性教員が欲しかったのかもしれない，ということです。一方で高橋さんの場合は，「経済史の授業をちゃんとやってください」という応募先のニーズとなにかが合ったのだろう，ということでした。
　こうした経験から次のようなポイントを抽出できると思います。(1)書類選考で不採用が続いてもあきらめない，(2)博士論文があるならば，応募先の指定がないかぎり主要業績に含めることができる，(3)博士論文の提出前から応募を始めてもよいが，研究の進行状況を勘案して無理はしない，(4)任期付き教員職に就いても1年目から応募を開始できるが，任期中の特定の年度は研究に専念して業績を蓄積する選択肢もある，(5)一定の研究・教育業績があって適切な提出書類を用意できていれば，あとは，大学のニーズとのめぐりあわせがあるのだと「開き直る」，という諸点です。
　ところで(5)に「研究・教育業績」と書きましたが，大学院での学修・研究

活動のみでは,「教育業績」つまり教歴をつけることはできません。一般に教歴は,大学院在学中や修了後または単位取得退学後に,非常勤講師として大学で授業を担当することで得られるものです。近年ではこの非常勤講師職を得ることすら難しく,しかも,教歴がなければ非常勤講師にも採用されにくい状況になっています(だれもが最初は教歴がなかったにもかかわらず!)。このような現状ではありますが,専任教員としての就職には教育経験の有無がものをいう側面がやはりあるので,人脈や公募などを利用しながら非常勤講師職を探す作業をおろそかにはできません(教歴が得られないケースを「補完」する教育技能強化プログラムについては,第Ⅲ部で触れます)。英文学者の近藤康裕さんは最初の専任職(東洋大学経済学部)に就く前に複数の大学で英語の非常勤講師をしましたが,その応募経験についてこう語ってくれました。

　　大学教員をめざす場合のエッセンシャルな問題のひとつだと思うんですが,教歴がないと非常勤自体そもそも応募できないことが多いので,非常勤を始めるまではかなり大変でした。初めて非常勤をさせてもらえることになったときは非常にありがたかったですし,その経験はいまでもすごく大きいです。専任と違って非常勤はあまり公募というかたちもないですし,公募が出ているものには片っ端から応募したんですけど,ことごとく落ちました。これはもう,自分はどうなるかと悩みましたね。博士課程は3年以上になってくると,就職のための活動も積極的にやらなければいけないといわれていたので,公募の情報をコンスタントにチェックするようになりました。

　大学によっては多数の授業科目を非常勤講師でまかない,公募を大規模にかけるところもあります。その場合はかなり細分化された科目群での公募となり,専任教員職に比べれば倍率が低くなる可能性もあります。非常勤講師の1コマ(90分)あたりの給与は一般に月額3万円前後ですので(喜多村和之「非常勤教員という存在」,阿曽沼明裕編『大学と学問』,64ページ),授業準備などの負担を考えれば,アルバイトのほうが経済効率がよいことも確かです。しかし,一方で教歴という将来的な効果が見込まれるのですから,非常勤講師の公募で

あっても，躊躇せず応募することを勧めます。呉世宗さんのように教歴がなくても専任教員に採用されるケースがあるので——単著を含む研究業績がきわめて高く評価されたのでしょう——，絶対に教歴が必要だとはいえませんが，一般的には，大学での教育経験が採用にとって重要な事項となるのです。

4 博士課程院生としての3箇条

　以上のように，本章ではまず学修や調査，成果発信について，それから生活面での工夫と就職活動について学んできました。それをふまえて最後に，博士課程院生に向けた「3箇条」のメッセージを第Ⅰ部の結語としてまとめましたので，ここに掲げておきたいと思います。

コアを身につける
　第1条。本章の冒頭では「現場」や一次資料の重要性について述べましたが，それを含めて大学院生の間には，今後の研究の核になるものを蓄積しておかなければなりません。まず石井穣さんの言葉に耳を傾けましょう。

> 就職後は講義や学内業務に追われるようになるので，理論的なコアになるようなものをきちっと身につけておかないと，ほんとに研究の応用が利かなくなる可能性がありますね。結局，やっつけ仕事でいろんな細かい論文は書けるけれども，コアがないと，全体としてどういう研究の展望が描けるのかはわからなくなるという恐れがあります。なので，院生のどの分野にしてもコアとなるような，たとえば原論であればマルクスの資本論だとか，学説史であればスミスとかリカードなどの古典そのもの，あるいはそういったベースになるものをやはり築いておかないと，将来，寄木細工のような論文が集まるという可能性もあります。

　また，「現場」で一次資料を見つけていくことの大切さについて熱を込めて語った丹野清人さんは，次のようにも述べています。

就職につなげることだけを考えれば、個別の論文を積み重ねていくことが非常に大きいんです。ただ、個別の論文だけで就職してしまうと、就職したあとに伸びない。やっぱり、研究者として長期的な観点から考えることも、大学院生の間にしかできないことなんです。「自分のライフワークとしてこれをやるんだ」とか、「ここの部分をぜったい一生かけて知りたい、突き詰めたい」と思うものをもたないまま就職しちゃうと、そのあとの「研究者人生」という点で、なにも残らない人になりかねないんです。

研究の核となるものの修得と業績の量産とのバランスは難しい問題ですが、前者において「手抜き」をしてしまうと、研究者としての存在価値が消え去ってしまう危険すらあるのです。院生時代は、フィールドワークや史料調査や理論研究をとおして自分の血肉と化すような知を蓄積し、一生をかけて探究すべき問題意識を醸成する、きわめて重要な期間だということです。

関心を広げて「外」に出る

第2条。本章で登場した先輩たちはまた、関心を広くもち、閉じこもらず「外の研究会」に積極的に行ったほうがよい、という点も強調していました。そうすることで知識に広がりが出るとともに、核となる専門性が相対化され、活きてくるのです。また丹野さんが触れていたことですが、ゼミ外や学外の研究会等での交流は、非常勤講師の伝手をたぐりよせるという点でも有意義です。あるいは、金ゼンマさんや石井穣さんが述べるように、学内のゼミ等であっても、専門外の研究への積極的な関与をおろそかにはできません。金さんは、「ゼミではそれぞれもっている興味が異なるので、ほかの人の論文報告にも耳を傾けてください。レジュメには毎回、先行研究が載っているはずですけど、そこでメインの研究とか論文1本くらいはかならず熟読したほうがいいと思います。そうすると、おのずと自分の専門や周辺領域の知識が積み重なってきます」と話してくれました。また次に引くのは、「後輩へのメッセージ」として語られた石井さんの言葉です。

これは大学院の時代に、ゼミに参加させていただいた先生からよくいわれ

たことですけれども,「自分の専門だけじゃなくて,自分の専門外のことにもコメントができるように」ということです。「研究関心を広くもっていたほうがよい」とかなりいわれました。うまく表現できないんですが,ゼミとかで,自分の研究とは関係のない報告を聴く機会はけっこう多いと思うんですよね。そういうところで,自分に関係がないとやり過ごすのではなくて,少しでもノートをとって,「この人はなにをいっているんだろう」,「そこにはどういう意味があるんだろう」と,その場でもいいですから自分の頭でもって一生懸命格闘していただきたいと思います。

　私もゼミに出席している間はコメントをしたり,自分のアイディアに結びつけたりという作業をしていました。おそらくこうした作業が,研究に向かう態度というか,思考様式の点で研究にもかなりプラスになったんじゃないかなと思います。自分に関係のない問題だからといってスルーせずに,なんとかその人のいっていることに内在しているものをわかろうと努力する。そこからなにかを見つけようとすることは,いろんな場面に出ても,おそらく研究以外にも財産になると思うので,やっておいたほうがいいんじゃないかと思います。

成果発表が「仕事」である

　そして第3条。すでに複数の研究者の方々の経験から学んできましたが,書けるものから論文を書いて出版していくのが大学院生の「仕事」だ,ということもまたきわめて大事な点です。高橋秀直さんも次のようなメッセージを伝えています。

> 大学院時代には,指導教員である西澤保先生［一橋大学経済研究所教授］からも,研究がまとまった段階で着実に論文として形に残すということをいわれていました。たとえば,博士後期課程の早い段階で修士論文を投稿論文にすることも含めて,論文執筆を着実に積み重ねていくのが研究者の仕事であるし,それが今後のキャリアにも就職にもつながるんだということです。自分の力が及ばず,先生方のアドバイスを十分に活かしきれなかったことが悔やまれます。

近藤康裕さんも，博士論文に言及しながら以下のように語ってくれました。

> 博論は，博士課程に進んだ以上なにがなんでも出さなければならないものだと思います。だから，私自身が心がけてきたのは，先生方がよくおっしゃっていたように「とにかく論文を書く」ということでした。［中略］完璧な論文を書こうと思ったり，悩み始めるときりがないのかもしれないですけど，パブリッシュできるものをコンスタントにパブリッシュしていけば，非常勤や大学の専任の公募の条件を満たせるようになっていきます。だから博士課程の方は，積極的に論文を書くということに尽きるんじゃないかと思います。

　積極的に論文を書き博士論文としてまとめていく作業も，求職活動をにらみながらおこなうわけです。しかし誤解すべきでないのは，論文の執筆が手段化されてはならないということです。それは手段化しえないものだといってもよいでしょう。「書けるものから書いていく」。それは就職のためにおこなえるようなものではなく，自分の「知的な欲求に誠実に向き合」うことの帰結（呉世宗さんの言葉です）として要請されるはずの，院生の「仕事」なのです。

　以上をもって，一橋大学大学院で博士号を取得し，研究者・大学教員として活躍する人々の経験から学んだ，「博士課程院生としての3箇条」としたいと思います。

II

企業等への就職

第1章
院生が直面する問題

　序章で述べたとおり，大学院重点化による修士課程進学者の増加に比べ，博士課程進学者数はそれほど伸びていません。それはつまり，修士課程修了後に大学教員以外への就職の道に進む人が増えていることを意味します。しかし，企業等への就職を考えている院生の皆さんは「文系の院生は就職に不利」という噂に少なからず不安を抱いているのではないでしょうか。そこで，第Ⅱ部ではそのような不安を乗り越えていくために，第1章で院生が直面する諸問題とその背景，第2章で先輩たちの事例，第3章で就職活動の際に留意してほしいこと，第4章で日本人学生よりさらに就職活動で苦労しがちな外国人留学生に留意してほしいことを順に説明します。

　なお，博士課程進学後に企業等への就職に進路転向をした人や，職務経験をもち修士課程修了後に転職・再就職を考えている人も少なからずいるでしょう。院生のなかでは修士課程修了後に新卒として就職する人が大多数であるため，ここではそのような人たちを対象として取り上げます。

1 　院生ゆえに生じる問題

　序章でも述べましたが，人文・社会科学系の修士課程修了者の就職状況は，理学・工学の修士課程修了者，人文・社会科学の学部卒業者と比べて厳しいといえます。しかし，「人文・社会科学系の修士」という属性ゆえに採用側に低く評価されると思っている院生も見受けられますが，それだけが就職が厳しい要因だとはいいきれません。なぜなら，修士課程在学中に企業等の就職活動をする人には，学部生には生じない問題が複数の側面から生じるためです。おもには以下の6点が挙げられます。

大学院の環境
◎大学院のハイレベルな学修・研究と就職活動に同時並行で取り組まなければならない。
◎博士課程進学か就職かに迷ったり，大学教員志望者に囲まれて就職活動の情報に疎くなってしまったりすると，就職活動に出遅れやすい。

専攻・研究テーマと就職の関連
◎研究テーマが企業活動を批判するものや直接関係しないものの場合，いっそう「就職に不利」という不安にかられる。
◎自身の専門性を活かす職にこだわる（たとえば，商学研究科の場合は財務経理やマーケティング，経済学研究科の場合は金融機関，社会学研究科の場合はマスコミなど）。
◎企業の活動に関して問題意識をもっている場合，就職先として企業を選びにくい。逆に，公共的な視点に立つような研究テーマの場合，公務員や公的機関のみを志望してしまう。

採用側の評価
◎採用側に学部生とは異なる基準で評価される。

　上記のように，院生だからこそ生じる問題がさまざまあるため，それらを総合的に捉えて「文系の院生は就職に不利」といわれるのでしょう。また，直接的な問題ではありませんが，学部の大学とは違う大学院に進学した人の場合，環境に慣れることや人間関係を新たに築くことが進学当初の関門となるため，そのような生活面での負担も重なります。ただし，最後に挙げた問題を除けば，自分自身の努力や創意工夫，考え方や視点の転換によって乗り越えることは十分可能です。そして，最後に挙げた問題を乗り越えるためには「相手を知る」，つまり「採用側が文系の院生をどのように見ているのかを理解する」ことが第一歩となります。本章第4節以降ではこの問題を中心に取り上げ，それ以外の問題の乗り越え方については第3章で紹介します。

2 | 修士課程修了後に就職を考える人たち

　第1節で述べたとおり，院生ゆえに直面する問題は複数ありますが，それぞれの特徴や志向によって直面しやすい問題は異なります。そこで本節では，学部時代の就職活動の経験，博士課程進学ではなく就職を選択した時期，就職選択の動機という3つの切り口から修士課程修了後に就職を考えている院生を分類してみます。

学部時代の就職活動の経験

> ①学部時代に就職活動に失敗した人
> ②学部時代にほとんど就職活動をしなかった人
> ③学部時代の就職活動で内定を得ていた人

　文系の院生の場合，企業からは①と推測されやすいかもしれません。しかし，一橋大学大学院では②や③も多数を占めています。たとえば，研究者養成コースと専修コースとに分かれていない社会学研究科や言語社会研究科には②が多く，専修コースを設けている商学研究科や経済学研究科には③もいます。また，①がいわゆる「就職留年」や「就職浪人」ではなくハイレベルな学修・研究に励まなければならない大学院進学を選んだのは，自分なりの向学心があるがゆえでしょう。つまり，学部時代の就職活動の経験にかかわらず，修士課程の院生の多くは学修・研究に対する意欲をもって進学したといえます。

　ただし，①は「また失敗してしまうのではないか」という不安を，②は情報が不足しているために就職活動の取り組み方に不安を，そして③は「次の就職活動では文系の院生として苦労するかもしれない」という不安を抱えがちです。

博士課程進学ではなく就職を選択した時期

ⓐ進学当初から就職すると決めていた人
ⓑ進学当初は進路に迷っていたが，修士課程1年の早い時期に就職を選択した人
ⓒ進学当初から進路に迷うなか，就職活動をしながら考えようと思い，活動を経て就職を選択した人
ⓓ進学後，学修・研究に取り組むなかで進路に迷いが生じ，修士課程1年の終わりの時期から修士課程2年にかけて就職を選択した人

　ⓐとⓑの場合は早い時期に就職を決めているので，修士課程1年の夏のインターンシップ応募の段階から意欲的に就職活動を始める傾向にあります。ⓒの場合は企業等で働いている人たちと積極的に話をしながら納得のいく進路選択をしようとしているので，就職活動にも前向きに臨んでいる人が多いです。なお，就職活動を経て，逆に博士課程進学を決心したという人もいます。そして，ⓓの場合は次項で挙げる「博士課程進学ではなく就職を選択した動機」のなかの消極的なものに該当しやすいため，就職活動になかなか前向きに取り組めず，内定獲得にも苦労する傾向があります。

　ただし，ⓐとⓑの場合は第1節で挙げた「専攻・研究テーマと就職の関連」の2・3点目に関する問題に直面することも多いので，注意しましょう。

博士課程進学ではなく就職を選択した動機

㋐自分なりの研究テーマを修士課程だけで追究したいと思った人
㋑研究に取り組むなかで，大学・大学院以外での経験を積み，視野を広げたいと思った人（数年の職務経験を積んだのち，博士課程進学を再検討しようと考えている場合も含む）
㋒研究に取り組むなかで，研究の継続ではなく企業等に就職したほうが自

分のやりたいことを実現できそうだと思った人
㊀研究に取り組むなかで，大学教員としての能力や適性が不足していると感じた人
㊂まわりの博士課程の先輩やポスドクの状況から，大学教員への就職の厳しさを実感した人
㊅経済的な面から博士課程進学や研究の長期継続が難しい人

　就職を選択した動機は㋐㋑㋒のように積極的なものと，㊀㊂㊅のように消極的なものに分けることができます。もちろん，ひとりひとりをこの5つのうちひとつだけに分類することはできず，「当初は㊂だったが，就職活動を進めるなかで㋒になっていった」という人もいます。ただし，消極的な動機だけで就職活動を進めている人は，前項の分類で⓪に該当することが多く，就職活動がなかなかうまくいかない傾向にあります。納得のいく就職先に決まるためには，就職活動をしながら積極的な動機を見いだしていくという基本姿勢が肝要なのです。

3　企業は新卒になにを求めているのか？

新卒の「ポテンシャル」採用とは

　「企業が文系の院生をどのように見ているのか」を説明する前に，院生に限らず，企業が新卒に求めていることについて述べておきます。なお，院生の就職先は学部生以上に多様ではありますが，やはり企業が大多数となるため，ここでは企業の採用について取り上げます。
　2000年代に入ってからも日本企業の業績低迷が続いていることにともない，新卒採用の厳選化が起きています。一方，「即戦力を求める」といいながら，依然，企業の多くは新卒一括採用を堅持したうえで「ポテンシャル」をおもに評価しています。新卒の「ポテンシャル」採用とは，実務経験や専門的技能を求める中途採用と異なり，「入社後にどれくらい伸びそうか」という可能性を

評価し，将来的な活躍を期待して採用することを意味します。また，「ポテンシャル」とは一例として以下のように捉えられるでしょう。

　　◎「ポテンシャル」　＝ 能力 × 意欲 × 社風と合うか

　「ポテンシャル」における「能力」とは，職務の遂行能力を高め，成果を出し続けていくための土台となるものを意味します。各企業の「求める人材像」に応じて「能力」の要件は異なりますが，経済産業省が提唱している「社会人基礎力」をひとつの参考とするとよいでしょう（http://www.meti.go.jp/policy/kisoryoku/kisoryoku_image.pdf）。
　次に「意欲」とは，「この企業だからこそ働きたい」という熱意や「顧客や社会の役に立ちたい」という志，「成長して大きな仕事にチャレンジしたい」という向上心，「将来，こんなことがしたい」という目標意識などが挙げられます。そして，企業は「意欲」が高い人ほど「積極的に職務に取り組み，経験をつうじて多くのものを学ぶことができるので成長スピードが速い」と見なします。
　最後に，「社風と合うか」とは「相性」ともいわれます。チームワークを重視する日本企業において長期的に活躍し続けるためには，経営理念に共感できることや企業風土になじめることが必須要件とされています。そのため，たとえ「能力」は高いと評価されても，「社風と合わない」と判断されれば不採用になるのです。

「ポテンシャル」を評価する方法

　新卒採用の選考は「ポテンシャル」を評価するために，エントリーシート，SPI 3（適性検査）などのテスト，グループディスカッション，集団面接や個人面接などの方法を組み合わせて実施されます。たとえば，テストでは「能力」のうち職務遂行上で基礎的に必要となる言語や数理的処理の「能力」を評価し，グループディスカッションでは課題解決やチームプレイの「能力」が実際にどの程度あるかを評価します。そして，エントリーシートと面接では「志望動機」と「自己PR」を二本柱として「ポテンシャル」を総合的に評価します。

「志望動機」とは「当社に長期的に貢献できそうな人材か」,「当社の正社員としての責任と報酬を与えてもよい人材か」を採用側が判断するために問うものです。そのため,「自分を雇えば,応募先の企業にどのようなメリットが生まれるのか」を伝えることが求められます。また,「自己PR」では「その企業の職務に活かせるような「能力」や強みをもっているか,その企業の職務に応用できるような経験をしているか」,「経験したことから学び,自主的に成長し続けられる人材か」という点が評価されます。

なお,「志望動機」と「自己PR」を伝える際は,そのベースとなる業界研究・企業研究と自己分析の双方を採用側に認められる程度まで深めておく必要があります。そのためには,院生か否かにかかわらず,「前向き」な姿勢では十分でなく,「前のめり」になるぐらいの姿勢で取り組まなければならないのです。

4 企業は文系の院生をどのように見ているのか？

文系の院生の求人状況

表1の「リクナビ2011」に掲載された求人企業を見てください。ここで「文系／理系大学院生積極採用」に分類される企業は,文系または理系の院生を募集対象に含める全企業です。「理系大学院生積極採用」の企業が全体の55.3％であるのに対し,「文系大学院生積極採用」の企業は全体の32.0％となっています。このように院生を募集対象としない企業が存在していることが「文系の院生は就職に不利」といわれる背景のひとつに挙げられます。

また,修士課程修了者の初任給設定のある企業は全体のうち文系で0.7％,理系でも2.3％にすぎません。博士課程修了者の初任給設定のある企業の場合はそれぞれ0.1％,0.3％とさらに少なくなります。初任給設定の有無は「大学院修了者を学部生以上に評価をしている企業か」を判断する際の参考指標になります。しかし,院生を募集対象に含める企業の大多数は学部生より高い初任給を設定していないことから,院生と学部生とを同等に評価していることがうかがえます。

表1 「リクナビ2011」に掲載された求人企業（2010年3月29日時点）

全体 7,035社 (100.0%)	文系大学院生積極採用		
	全体	修士課程修了者の初任給設定あり	博士課程修了者の初任給設定あり
	2,248社 (32.0%)	52社 (0.7%)	7社 (0.1%)
	理系大学院生積極採用		
	全体	修士課程修了者の初任給設定あり	博士課程修了者の初任給設定あり
	3,892社 (55.3%)	165社 (2.3%)	22社 (0.3%)

出所：株式会社リクルート「リクナビ2011」。

　さらに，数値化することはできませんが，学部卒業者と大学院修了者をともに募集対象とする企業であっても，採用選考の基準が同一だとは限りません。これが「文系の院生は就職に不利」といわれる背景のもうひとつに挙げられます。

文系の院生に対する「ポテンシャル」評価

　それでは，企業は文系の院生をどのように評価しているのでしょうか。理系の場合は大学教員志望者でも企業への就職志望者でも，企業から「修士課程進学はあたりまえ」と捉えられています。それに対し文系は，大学教員への就職をめざしていないのであれば，大学院進学は「モラトリアム」，つまり経済的自立を先延ばししていると見なされる傾向にあります。それは，企業にとって，修士課程だけの大学院進学の目的は理解しにくいことを意味しています。また，企業に就職することを決めた動機は，「大学教員をめざすことを断念したという消極的なものではないか」と思われやすい面もあります。

　文系の院生が面接を受けると，かならずといっていいほど「なぜ大学院に進学したのですか？」，「博士課程に進学せずに就職するのはなぜですか？」と質問されます。このように企業が進学目的や進路選択の理由について質問するのは，「ポテンシャル」における「意欲」を評価するためです。そのため，本章第2節で挙げた⒟のように消極的な動機のみで就職活動に臨んでいると，「意欲」が低いと評価されてしまい，選考は通過しにくくなるのです。

　また，新卒一括採用により人員構成の年齢ピラミッドを維持してきた企業の

なかには，同期に年齢の高い大学院修了者が混在することを好ましく思わないところもあります。昨今ではそのような企業は少なくなってきていますが，その点を除くと，企業は以下のように文系の院生を見ている傾向があります。

◎年齢が高いぶん，成長の伸びしろが少ない。
◎勉強に励んできただけに，行動することよりも考えることを重視し，フットワークが重い。
◎自分なりに理屈を考えようとするため，組織の理屈に納得しにくい。
◎アカデミックの世界に身をおいてきたため，目標の捉え方や人との関わり方，時間の使い方などが大きく異なるビジネスの世界に適応しにくい。

つまり，「ポテンシャル」のうちの「能力」が学部生よりも低いと見なすのです。残念ながら，文系の院生を採用したものの実際の活躍状況がかんばしくなかった企業もあるかもしれません。しかし，これまで文系の院生を採用したことがない企業の場合は先入観や思い込みという可能性もあります。そのため，文系の院生はこのような先入観や思い込みをもたれる可能性があることをまず受け止めなければなりません。そして，その先入観や思い込みを払拭してプラスの評価へと変えるために，上記のような点が自分には当てはまらないことと，学部生を上回るほどの「ポテンシャル」があることを伝えるようにしましょう。

「学部生＋α」とは

たとえば，コンサルティング企業やシステムインテグレーターなどのIT企業のように文系の院生を多数採用している企業であっても，院生には「学部生＋α」の「ポテンシャル」を求めています。学部卒業者よりも修士課程修了者の初任給を数万円高く設定している企業であればなおのこと，院生に求めるものが学部生以上になるのは当然でしょう。そのような企業が文系の院生を採用する理由には，たとえば以下のような考え方があります。

◎課題を発見し，その解決に向けて有効なアプローチを考える「能力」が学

部生よりも身についている。
- ◎研究に関して自分なりの目標を掲げ，成し遂げようとする意思を強くもつとともに，実行する「能力」が学部生よりも身についている。
- ◎考え方や価値観，バックグラウンドが異なる人たちと議論したり，交渉したりする「能力」が学部生よりも身についている。

企業は「ポテンシャル」採用した新入社員を一から育成しますが，上記のような「能力」が学部生よりも身についている院生であれば，入社当初の教育投資が少なくて済むというメリットがあります。さらにいうと，企業が求める「能力」の要件のなかで大学院で養われる「能力」を重視しているかが，文系の院生の採用可否に大きく影響します。なお，前述のような「能力」が身についていることをアピールする際のポイントは，第3章で説明します。

大学院で養われる「能力」を重視する企業とは

　応募先を探すにあたり，総じて「文系の院生は就職に不利」と思い込むのではなく，そこが大学院で養われる「能力」を重視する企業か否かを的確に見極めることが就職先決定の鍵を握っています。また，大学院で養われる「能力」を求める企業に就職したほうが，自分自身も「能力」を発揮しやすく，「意欲」も高まるはずです。見極める方法としては，やはりそれぞれの企業の事業や業務の特性を知ることが不可欠となります。それはつまり，就職活動の基本ともいわれる業界研究・企業研究です。

　修士課程修了者の産業別就職者数（表2，次ページ）を見ると，理学・工学では約半数が製造業に就職しています。社会科学の場合はそこまで比率が高くないものの，製造業への就職者は学術研究，専門・技術サービス業に次いで2番目に多くなっています。製造業では製品を開発する技術者の採用数のほうが多いですが，製品を戦略的に生産・販売する業務やM&A（買収・合併）に関する業務など，事務系職種が担う役割も非常に重要です。だからこそ，社会科学の修士課程修了者も多数就職しているのでしょう。一橋大学大学院では例年，製造業のなかでもBtoC企業（個人向けの商品・サービスを扱う企業）よりも，BtoB企業（法人向けの製品・サービスを扱う企業）への就職者のほうが多い

表2　修士課程修了者の産業別就職者数　　　　　　　　　　　　　　　　　　（単位：人（％））

	人文科学	社会科学	理学	工学	農学
製造業	154　(6.8)	653　(14.3)	2,078　(44.8)	17,742　(57.9)	1,473　(43.9)
情報通信業	112　(5.0)	369　(8.1)	833　(18.0)	4,001　(13.1)	148　(4.4)
卸売業，小売業	130　(5.8)	370　(8.1)	155　(3.3)	560　(1.8)	230　(6.9)
金融業，保険業	40　(1.8)	347　(7.6)	148　(3.2)	264　(0.9)	53　(1.6)
学術研究，専門・技術サービス業	101　(4.5)	689　(15.0)	249　(5.4)	1,438　(4.7)	230　(6.9)
教育，学習支援業	703　(31.2)	253　(5.5)	496　(10.7)	309　(1.0)	165　(4.9)
医療，福祉	329　(14.6)	186　(4.1)	42　(0.9)	96　(0.3)	81　(2.4)
サービス業（他に分類されないもの）	186　(8.3)	331　(7.2)	128　(2.8)	758　(2.5)	102　(3.0)
公務（他に分類されるものを除く）	265　(11.8)	597　(13.0)	192　(4.1)	883　(2.9)	407　(12.1)
上記以外のもの	234　(10.4)	784　(17.1)	314　(6.8)	4,586　(15.0)	464　(13.8)
合計	2,254　(100.0)	4,579　(100.0)	4,635　(100.0)	30,637　(100.0)	3,353　(100.0)

注：「上記以外のもの」には，農業・林業，漁業，鉱業・採石業・砂利採取業，建設業，電気・ガス・水道業，運輸業・郵便業，不動産業・物品賃貸業，宿泊業・飲食サービス業，生活関連サービス業・娯楽業，複合サービス事業（人文科学・社会科学ともに就職者が2％未満の産業）が含まれる。
出所：文部科学省『学校基本調査報告書』2012年度版より作成。

傾向にあります。それは，法人向け事業のほうが顧客の抱える課題が複雑かつ難解で，関係者も多岐にわたり，どのような職種にも前述のような大学院で養われる「能力」が求められるためだと考えられます。

　ただし，「院生でも受かりやすい企業だから」といった動機だけでは，内定獲得まで至ることは困難です。それは「この企業だからこそ働きたい」といった「意欲」が不足しているからです。「大学院で養われる「能力」を重視する企業か」という観点は志望先を探す際に非常に重要ですが，実際に応募する段階では，自分の志向や興味・関心に照らしてその企業に魅力を見いだすようにしましょう。

5 　社会への貢献度を高めるために

　大学院重点化によって文系の院生は増えている一方，依然，理系に比べ社会的評価が十分高まっているとはいえません。しかし，大学院生は既成概念にとらわれずに問いを立て，俯瞰的・相対的な視点から課題を見極める力などを養っています。社会構造や経済問題が複雑化していくなか，そのような力が求められるフィールドは今後ますます広がっていくでしょう。最近の企業の採用面接では，部活動・サークルやアルバイトだけでなく，ゼミの内容や研究テーマについて熱心に聞かれることが増えているようです。それは，「学業にも主体的に取り組んできたのか」，「学業の取り組みのなかで壁を乗り越えたことはあるのか」といった観点はもちろんのこと，前述のような力を評価するためだと考えられます。海外事業に携わる大学院修了者から，そのような力は「グローバルに活躍するうえで語学力以上に肝要だ」という話も聞きます。だからこそ，院生の皆さんには「広く社会で求められる力の基礎を築いた」という自負をもち，大学院を巣立っていってほしいと願っています。ひとりひとりの活躍をつうじてこそ，文系の大学院修了者の社会への貢献度がより高まっていくことでしょう。

第2章
修士課程修了者の事例から学ぶ

　本章では，第Ⅰ部で紹介した「先輩キャリア・インタビュー」のなかから経済学研究科，言語社会研究科，社会学研究科の修士課程を修了した3名の事例を取り上げ，院生の皆さんにとくに参考にしてほしいポイントを紹介します。
　まず，経済学研究科からは，金融機関から内定を獲得しつつも，製造業に就職した先輩の事例を取り上げます。次に言語社会研究科からは，出版社を志望したものの選考を通過できず，自身の志向を見直してIT関連企業に就職した先輩の事例を取り上げます。最後に社会学研究科からは，進路に大いに迷ったうえ，とくに「就職に不利」といわれる社会哲学専攻でありながら専門商社に就職した先輩の事例を取り上げます。
　それぞれの先輩の経験談を「大学院に進学した理由」，「進路を選択した動機とその時期」，「就職活動と就職先を選んだ経緯」，「就職後の配属と大学院までの経験とのつながり」の4つに分けて，順に紹介していきます。

1 ｜ 先輩たちのプロフィール

本章で紹介する3名の学部卒業以降のプロフィールは次のとおりです。

Hさん（経済学研究科出身，電機メーカー勤務〈企画調査職〉）
　2005年3月に私立大学の経済学部を卒業し，同年4月に一橋大学大学院経済学研究科修士課程（専修コース）に入学。専攻はマクロ経済学，環境経済学。2007年3月に修了後，同年4月に電機メーカーに就職。入社後は経営企画の部署にて各国経済の調査，経営幹部のサポート業務を担当。

Cさん（言語社会研究科出身，IT関連企業勤務〈コンサルタント職〉）

　2005年3月に私立大学の文学部を卒業し，同年4月に一橋大学大学院言語社会研究科修士課程に入学。専攻は英米文学。2007年3月に修了後，同年4月にIT関連企業に就職。新入社員研修を経て，2007年9月から2010年3月は製造業向けのコンサルティングを，2010年4月からはERP（統合型業務システム）導入コンサルティングを担当。

Dさん（社会学研究科出身，専門商社勤務〈本社スタッフ職〉）

　2005年3月に私立大学の政治経済学部を卒業し，同年4月に一橋大学大学院社会学研究科修士課程に入学。専攻は社会哲学。2009年3月に修了後，同年4月にアパレル関係の専門商社に就職。入社後，システム部で社内システムの開発を，2012年6月からは総務課で新卒採用などを担当。

2　大学院に進学した理由

　先に述べたとおり，本章で紹介する修了者は3名とも私立大学の学部卒業者です。つまり，進学にあたって出身大学とは違う一橋大学大学院をあえて選んでいます。それぞれの進学理由に関してはこのことを念頭においてください。

Hさん——もっと深く経済学を学びたい

　　学部時代は非常に向上心の強い友人に恵まれましたが，多くの人が研究志向というよりビジネス志向でした。一方，私は高校時代に理系だったので，私大の経済学部のなかで数学ができるほうだったこともあり，学部時代の先生が目をかけて，熱心に指導してくださったんです。それで，真剣に学んでいる人たちに囲まれながら，経済学をもっと深めて学びたいと思って大学院に進学しました。

　Hさんは，より高度に学問を追究できる環境で学びたいという動機から進学

しました。なお，次節で紹介しますが，Hさんは進学を決めた時点で修士課程修了後の進路はとくに決めていませんでした。

Cさん——自分の幅をより広げるために

学部時代に勉強していたことだけでは自分のなかで納得感がなかったんです。自分で「これだけやったぞ！」と思えるようになってから大学とサヨナラしようと思いました。ですが，学部時代にお世話になっていた言語哲学専攻の先生がちょうどサバティカルに入って，外国に行かれることになったんです。それで進学先に悩んでいたときに，言語に関わる文学や思想や芸術など，かなり幅広い視野で高い視点に立って学べるような研究科ということで，言語社会研究科に決めました。哲学をより専門的に学べるような大学院も考えたんですが，最終的には自分の幅をより広げていくことを意識して選びました。

Cさんの進学動機は，自分で納得できるまで学びたいというものでした。諸事情により専攻を変えて進学しましたが，次節で紹介するように，このことがCさんにとって大いなるチャレンジとなりました。

Dさん——哲学の分野でアカデミックに掘り下げたい

いま考えると政治経済はつぶしがきくかなと思って選んだだけで，実際に入学するとそんなに興味がないことがわかりました。せっかく大学に入ったんだから，自分自身や世界のあり方をアカデミックなかたちで掘り下げてみたいと思ったんです。そんななか，一般教養の科目で受けた哲学に興味をもちました。［中略］［哲学担当の］先生がいうには「大学教員になるなら，国立のある程度の大学院に行かないとダメだ」と。それで一橋に入りました。

Dさんは政治経済学部に入学しましたが，強い興味を抱いたのは哲学でし

た。次節で紹介しますが，この哲学との出会いが自分の人生に多大なる影響を与え，大学教員をめざして大学院進学を決意することになりました。

3 修士課程修了後の就職を選択した時期と動機

Hさん――理論だけでなく現実を分析することに強みがあると思った

　学部時代にはまわりに進学する人たちがいなくて，大学院進学後の進路について情報がなかったので，進路は大学院に入ってから決めようと思っていました。［中略］［大学院進学後］勉強ができないほうではなかったんですが，研究者志望の人たちにまったくついていけないこともあったので，研究者は厳しいかなと思ったんです。それに，僕の場合は理論だけで勝負するよりも，現実を見てそれを分析するところに強みがあると思ったので，1回ちゃんと社会を見てみようかなって。就職しようと決めたあと，M1［修士課程1年］の冬学期からM2の夏学期の1年間はもう「就活，就活」でしたね。

　Hさんの場合は，第1章第2節で挙げた「博士課程進学ではなく就職を選択した時期」の「ⓑ進学当初は進路に迷っていたが，修士課程1年の早い時期に就職を選択した人」に該当します。また，同じく「博士課程進学ではなく就職を選択した動機」は，「㋳大学教員としての能力や適性が不足していると感じた人」に該当し，消極的なものがきっかけでした。しかし，自分の強みを考えたことにより，「㋒研究の継続ではなく企業等に就職したほうが自分のやりたいことを実現できそうだと思った（人）」という，積極的な動機のほうが上回ったといえそうです。

Cさん――自分なりの研究をやり尽くしたかった

　「自分が好きなものをとことんやり尽くし，そのうえで就職したい」と思

っていた [ので進学当初から修士課程修了後は就職しようと考えていました]。

　Cさんの場合は非常にシンプルです。「博士課程進学ではなく就職を選択した時期」は「ⓐ進学当初から就職すると決めていた人」に該当し、「博士課程進学ではなく就職を選択した動機」は「㋣自分なりの研究テーマを修士課程だけで追究したいと思った人」に該当します。
　進路選択に関していっさいの迷いはなかったCさんですが、学部時代の専攻と変えたことにより、進学後に以下のような苦労があったと語っています。

　　いままで哲学の世界しか知らなかったのにいきなり文学や思想などのゼミに入ってしまったので、全員が当然読んでいるべき基礎的な文献も読んでいないし、言葉も理解できないし。必死になって本を読んだりまわりの人と会話したりすることで、「どういうスタンスで研究と関わっていけばいいのか」、「ほかの人とは違う哲学というバックグラウンドをどう活かせるか」というのがある程度見えるようになりました。たとえば、ゼミで「哲学の視点からこういうことがいえる」という発言ができるようになるなど、自分のバックグラウンドといま置かれている環境がうまくつながっていくようになりました。すごく苦しんだのはM1の夏くらいまでだったので、就職活動を始めるときは、研究上のひとつめの山をようやく越えたところだったと思います。

　進路選択上の問題とは別に、このような学修・研究上の問題に直面するのも院生ゆえといえます。Cさんはこの問題に対し「まわりの人より劣っている」と否定的に捉えるのではなく、「これまで学んできたことをどうやって活かすか」という前向きな姿勢で挑んで乗り越えました。第5節で紹介しますが、この経験が就職後にも活きているとCさんは語っています。

Dさん──自分の能力だと研究を生業にするのは厳しそう

　　[大学入学のときは] 政治経済はつぶしがきくというように、とりあえずま

わりと一緒のことをやるとか，まわりにうまくとけ込めればそれでよしと思っていたんです。でも，哲学を学ぶと「自分」というものをもつことができて，自分なりの考え方とか感じ方も確立できました。大学という場で自分が一から変われたので，そこでそのまま仕事をしたいと思ったんです。［中略］でも，いざ一橋に入ると，ゼミ生10人のうち5人がOD［オーバードクター］で，すでに30歳を過ぎている人たちでした。しかも，「一橋の院でも大学教員になれない」，「40歳でようやく常勤につけるかつけないか」，「留学もしなければいけないし，生活費も自分で稼がなくてはいけない」という話をいきなり先輩たちから聞かされまして。その後，M2で修論を書いていく途中，自分の能力だと研究で道を切り拓いていけそうにないなあと思ったんですが，かといって就職活動へと踏み切れるわけでもなく……。それで修士に4年間かかったんです。［中略］M2で論文の土台だけはある程度つくったので，M3で就活を始めました。

Dさんの場合，「博士課程進学ではなく就職を選択した時期」の分類では「ⓓ進学後，学修・研究に取り組むなかで進路に迷いが生じ，修士課程1年の終わりの時期から修士課程2年にかけて就職を選択した人」に該当しますが，実際に就職活動を始めたのは修士課程3年とさらに遅い時期でした。また，「博士課程進学ではなく就職を選択した動機」は，㋕のように大学教員への就職の厳しさを知ったことにくわえ，㋔のように大学教員としての能力不足を感じたというきわめて消極的なものでした。消極的な動機しかなかったうえ，修士課程4年という状況にもかかわらず，Dさんが就職先を決めることができた経緯は次節で紹介します。

4　就職活動と就職先決定の経緯

Hさん──社会インフラへの関心から「モノ」をつくっている企業を志望

私の専攻はマクロ経済学でしたが，社会資本と呼ばれる道路や電車などの

インフラが経済活動にどのように貢献していくべきか，そのためにどのような政策を決定していくべきか，というところに興味をもっていました。修論では道路に焦点をあて，「地域の活性化につなげるためには，どのような公共事業をおこなうべきか」という問題意識のもとで研究をしました。学術的な興味がそういうものだったので，就職先は「モノ」をつくっている会社や実際の事業をやっている会社がいいなと思っていました。
［中略］
　じつは最初に内定をもらえたところは金融だったんです。そこの方ともいろいろお話をしたんですが，金融はやっぱりお金を貸して利ざやを稼ぐことが業務になるので，結局，だれかが「モノ」をつくることや「サービス」を提供するのをサポートする側なんですよね。［中略］最終的には大手の電機メーカー数社から内定をいただいたのですが，複数の企業が僕を選んでくれたということは，電機メーカーとは相性がよいのかなとも思いました。［中略］［最終的に就職先を選んだ理由については］数社のなかから選ぶのは相当難しかったので，一番潰れにくそうなところにしました。

　Hさんは金融機関から先に内定を得ていましたが，製造業を就職先として選びました。第1章第4節で述べたとおり，製造業は文系の修士課程修了者の就職先のなかでとくに多い業種です。Hさんの場合は，専攻との関連性をふまえて自分の志向を意識していたからこそ，「モノ」をつくる企業に価値を見いだし，製造業を選んだといえるでしょう。

Cさん——「本をつくりたい」よりも「人と一緒に問題を解決したい」

　じつは当初，マスコミの編集者を志望していました。文学部と言語社会研究科で言語に関わる研究をして，人文系の素養もそれなりに身につけてきたつもりだったので，人文系の出版社に入って編集者というコースを思い描いていたんです。受けた社数はもう覚えていないですけど，ぱっと名前が浮かぶような出版社はひととおり受けましたね。新卒採用の募集が出ていない会社でも，一方的にメールを送りつけたりして。でも，惨敗してし

まいました。[中略]

　「自分が職業を選択するうえで，最終的にどういうことが軸になるのか」を考えたとき，「本をつくりたい」とか「出版をしたい」という「なにをつくるか」よりも，「どうやって働くか」が重要なんだなと，就職活動をとおして気づきました。[中略] 学部から大学院までずっと塾の講師や家庭教師のアルバイトをしていたんですが，生徒と一緒に「第一志望校に合格するぞ！」というひとつの目標に向かって悩んで考えて試行錯誤していくのがとても性に合っていたんです。それで，試行錯誤しながらゴールをめざして働いていくスタイルでなら，5年後，10年後に自分が働いている姿を明確にイメージできることに気づきました。そして，「人と一緒に悩みながら問題解決していく」ことを考えたとき，「問題解決の手段としていまもっとも強力なのはITである」という思いから，IT関連の企業が選択肢に入るようになりました。[中略]

　最終的にはいまの会社の社風が肌に合ったというところですが，面接をくり返していくなかで，文系の大学院出身とか女性というバイアスがまったくかかっていない視線で見てくれたことが大きかったですね。むしろ，大学院で勉強してきたところを評価してくれたと思います。研究内容を話したときに，どういう思考の流れで結論につなげるのか，どういうふうにリサーチをするのか，どういうふうにまわりの人を巻き込んで研究を進めていくのか，そういう研究のプロセスも詳しく聞いてくれたんです。ふたを開けてみたら，私が配属されたコンサルティングの部署の同期は文系の修士課程修了者が半数を占めていました。もともと文系の修士課程修了者も一定数必要とし，評価するような土壌のある会社だったということですね。

　専攻にかかわらず，第一志望の出版社に就職できた修士課程修了者は数多くいます。しかし，出版業界は業績低迷が続いているため，就職は非常に狭き門となっています。それは，Cさんのように募集を出していない出版社にまで積極的に働きかけても結果を得られないほどのものです。同様に苦戦する人のなかには，留年者や修士課程修了後に「既卒者」として再挑戦する人も少なから

ずいます。その再挑戦が功を奏することもありますが，自分の志向を見つめ直し，柔軟に視点を変えたCさんの事例は注目に値します。出版社も含め企業は文系の修士課程修了者に専門性を求めることはあまりないからこそ，Cさんのように専攻とは違う切り口から自分の興味・関心を見つけ，選択肢を広げることも重要でしょう。Cさんの場合はさらに，第1章第4節で述べたように，大学院で養われる「能力」を評価してくれる企業と出会ったことが就職先決定につながったといえます。

Dさん——経営者には哲学的な考え方も受け入れられた

　M3の1月ごろ，いま勤めている会社がたまたま学内説明会に来ていて，「うちは年齢とかいっさい問わないよ」といってくれたんです。当時，僕はもう27歳か28歳になっていたんですが，ここなら可能性があるんじゃないかなと思って応募しました。［中略］
　面接で，「繊維業界が今後どのように変わっていくか？」とか，「繊維業界の今後の展望は？」ということを聞かれたんです。私は思想史を学んできたので，ヘーゲルが「人類の歴史は，精神が自由を達成する歴史だ」といっていることをふまえて，「最近流行りのファストファッションは安価のものを大量生産・大量消費しているが，それは近代的な考え方で，今後近代を乗り越え豊かさを追求していくには，もっとモノと人との結びつき，人と人との結びつきが望まれるだろうから，地域ごとの文化やライフスタイルを見つめなおす必要があるだろう」と，むちゃくちゃなことをいったんですね（笑）。そしたら，社長は腕組みしてしかめっ面で「お前のいっていることは一理あるな」と。［中略］
　僕も先輩たちから「哲学専攻は理屈っぽいって思われて嫌がられるんだよ」といわれました。入社年次が低めの人が面接官だったら嫌がられたかもしれませんが，トップに立つ人だと経営には哲学的な考え方も必要だということをわかってくれると思うんですね。社長も「君のいうことは，実務的な観点からいうと風呂敷を広げているだけだと思う人もいるだろう。だが，そういったものの見方ができる人が必要なんだ」といってくれたの

で。そういうふうに認めてくれて,自分がいままでやってきた勉強が間違ってなかったんだと,自分自身の存在を肯定してもらえたように感じたので,ここへの就職を決めることができたんだと思います。

　Dさんは消極的動機で就職を選んだうえ,就職先となった企業に対して特別な志望意欲ももっていませんでした。にもかかわらず,臆せず自分が専攻してきた哲学の視点から繊維業界を捉えたことが,むしろ評価につながったのです。この企業との出会いは偶然でしたが,内定に至った要因はまさに「相性」,つまり「社風と合う」と判断されたことにあります。「自分自身の存在を肯定してもらえたように感じた」と語っているように,Dさん自身も「相性」を感じたのでしょう。また,Dさんが堂々と応答できたのは,哲学を学んできたことによって自分のあり方に自信をもっていたからにほかなりません。消極的な動機で就職活動を始めたものの,応募企業には積極的な姿勢で向き合ったことが就職決定につながったのです。

5　就職後の配属と大学院までの経験とのつながり

Hさん──経営企画の部署は大学院修了者が多い

　この会社では,文系の学部卒業者ならほとんど営業の部署に配属されます。それに対してこの経営企画の部署には大学院修了者が多くいるんですが,文章を書くことに慣れているとか,大学やシンクタンクの有識者などとうまくコミュニケーションがとれるとか,そういうことが配属の理由かもしれません。[中略] おもな職務は中期計画を策定することや,各国での事業戦略を立てる際に必要となる世界各国の経済状況を調査することです。そのほか,社内の各部署の事業特性に合った調査をおこなうこともあります。具体的には,ある事業組織から「中国で○○[製品の種類]などの機械の需要は今後落ちるのか,上がるのか」という相談を受けたら,それに対して簡単なモデルをつくって,「この指標を毎年,毎月チェックし

ていけば，今後の需要が予測できる」ということを提示しています。［中略］

［でもやはり］手伝う側になるより自分でやりたいという気持ちが強いので，お客さまのニーズを汲み取りながら「モノ」づくりを実感できる営業をやってみたいなと。ただ，この会社には複数の事業があるので，あるひとつの事業部に所属するとそこの事業部のことしか見えなくなってしまうんです。それに対して，この経営企画の部署は［中略］事業部の幹部だけでなく，現場の営業担当者や設計者ともやりとりをするので，グループ企業も含めた製品全体について幅広く深い知識がついていると感じています。［中略］そういう面で刺激の多いところが，この部署で働いていておもしろいと思いますね。

Hさんも含め，経営企画の部署に大学院修了者が多く配属されているのは，大学院修了者として適性があると判断されたためでしょう。しかし，Hさんにとって「モノ」づくりに魅力を感じるということが志望理由だったため，この部署は現場から遠いという不満も抱いています。Hさんに限らず，だれしも希望とは違う職務を担当することはあります。だからこそ，本音では不満があっても，Hさんが現在の担当職務にも魅力を見いだしていることにぜひ着目してください。

Cさん——新しい分野に挑戦した経験が活きている

自分がどういうふうに働きたいのかということを会社側とすり合わせていった結果，「コンサルティングの仕事が合っているだろう」ということで，コンサルティングの部署に配属されました。［中略］つねに新しいお客さま，新しい業界，新しい業務内容を担当することになるので，刺激でいっぱいということが私にとってこの仕事を続けるモチベーションになっていると思います。

一方，業務のための勉強はもちろん大変で，入社当時は自分の知識不足からくる無力感に非常に悩まされました。でも，大学院時代とたぶん同じ

で，新しいことを知るのが楽しい，自分でどんどん勉強していくことにワクワクできるというところがありました。そういう自分の好奇心やワクワク感が原動力になって乗り切ってこられたと思いますね。[中略]

　コンサルタントの仕事は，報告書や提案書をつくることが一番ベースになるんです。そういう仕事をするとき，きちんとロジックの通ったものをつくることができるのは，大学院のゼミや論文の執筆とか，さまざまな活動をつうじて得たものがあるからだと思っています。それと，とくに私の場合は学部と大学院でだいぶ分野が違っていたので，新しい分野に挑む姿勢というか，よくわからないところに放り込まれてもどういうふうに動けばいいのかというノウハウが身についたと思います。それと，未知の分野でも手探りで結果を出せるという自信は，いまの仕事でも活かせていると思いますね。

　第2節で紹介したように，Cさんの所属するコンサルティングの部署には修士課程修了者が多いですが，この企業の文系出身者の多くは営業かSEの部署に配属されます。Cさんがコンサルティングの部署に配属されたのは，たんに「修士課程修了者には適性があるから」ということではなく，企業側も「人と一緒に問題解決がしたい」というCさんの志向に納得することができたためでしょう。
　また，専攻を変えたために大学院進学当初に苦しんだCさんですが，それを乗り越えた経験がいまの職務への活力を生み出していることが非常に興味深いです。大学院での経験から職務に活かせるものは「能力」だけではないということと，Cさんが大学院での経験を「苦行」と否定的に捉えず，むしろ自分の強みや意欲の源として昇華させたことをぜひ参考にしてください。

Dさん——まわりと違うことに取り組む強みが活かされた

　社長が配属先を決めました。だいたい2〜3年上の先輩が新入社員について業務を教えくれるんです。システム部だと一番若い社員が33歳くらいだったので，入社当時20代後半だった僕の年齢に配慮してくれたのかもしれ

ません。あと,「Dはアキバっぽいからコンピューターが好きそうだ」という社長の思いつきで(笑)。[中略]

　[コンピューターは]むしろ苦手でした。入社当時は全然興味がなくて。入社3カ月は「これで勉強しとけ」と本を渡され,3冊くらいひたすら黙々と読んで勉強しました。[中略]「ここはファッションの会社なのに,ファッションを扱わない部署なんてDは嫌だろうに」と思った人もいるようです。でも,僕はファッションにこだわりがあったわけでもないので,「まわりと違うことをやる」ことに全然抵抗はありませんでした。ここでも大学・大学院をつうじて哲学を学んだ自分の強みが活かされたかなと。それに,[中略]パソコンがどう動いているかなんてわからずに使っていた完全なアナログ人間だったんですけど,コンピューターの裏の仕組みとデジタルの世界を知ることができたのは自分にとって勉強になりました。[中略]

　新しい世界を知って視野が広がったんですが,定年までずっとその分野を突き詰めてやりたいというところまでは興味がなくて。それで,この会社を知ったときのことをふり返ってみると,この会社の採用方針にうまくマッチしたから自分はこの会社に入れたんだなと。入社してからも採用担当者にはずっと目をかけていただいていて,声もかけていただけたので,[入社から約3年経って]採用の仕事をさせてもらうことになりました。

　Dさんの場合,大学院修了者としてではなく年齢面を考慮され,学部卒業者とは違う配属決定がなされました。配属当初は担当職務に興味がなかったDさんですが,大学院での経験をつうじて勉強する習慣や知識を吸収しアウトプットする「能力」が身についていたので,それを活かすことができたのかもしれません。

　また,この企業との出会いは偶然にすぎなかったものの,「自分自身の存在を肯定してもらえた」と感じた採用の経緯こそが,自分のキャリアの土台となっていることにDさんは気づきました。そのため,職業人生をかけて採用という職務に取り組んでいきたいと思うに至ったのでしょう。

6　修士課程での経験の意義

　3人の修了者の事例を紹介してきましたが，進路選択でもっとも苦労したといえるのはDさんでしょう。Dさんは4年間という非常に長い期間，修士課程に在籍しましたが，その4年間を次のようにふり返っています。

> 自分の内面というか，根幹をつくってくれた4年間だったと思います。仕事というのは外に枝葉を伸ばしていくことだと僕は思うんですよね。でも枝葉も，幹と根っこにしっかり支えてもらえないとすぐ折れてしまうんじゃないかと。僕は「仕事が遅い」とか「30歳過ぎた社会人とは思えない」とかよくいわれるんですけど，修士4年間で自分の根っこをしっかり張ったと思っているので，そういうふうにいわれてもあまり動じることがないですね。「お前はものに動じない」，「図太い」ともよくいわれるんですけど，その4年間があるのでどんな環境に行ってもなんだかんだやっていける自信があります。僕らの世代だと70歳まで働かなくてはならないといわれますが，それなら人より10年遅れて社会に出ても結局変わらないんじゃないかと。だからこそ，僕にとっては人生の宝となった4年間だと思います。

　修士課程での経験をつうじて，Cさんは自分の原動力をつくりあげましたが，Dさんは自分のキャリアの礎を築いたといえるでしょう。それは，企業から評価されるような「能力」を養ったこと以上に意義深いにちがいありません。

　院生の皆さんは，進学を決めた時点でひとつの大きな進路選択をしています。ゆえに，大学院進学は将来につながるキャリアの第一歩として位置づけることができるでしょう。つまり，キャリアとは就職してから始まるのではなく，大学院に進学したときから始まっているということです。また，「サラリーマン」としての仕事は基本的に与えられるものであり，その最終責任は企業・組織にあるのに対し，修士論文は終始一貫して自分が全責任をもって書き

上げなければなりません。本章で紹介した3名以外の修了者も「困難な仕事に取り組むにあたって，修士課程での経験が自信や土台となっている」と語っています。大学院での経験には，就職してからでは得られないものがあるのです。だからこそ，「就職に不利」と否定的にかまえるのではなく，このような大学院での経験の意義を自分なりに見いだすようにしてください。そうすることで，Dさんのように消極的な動機で就職活動を始めたとしても，自信を内に秘めていれば，積極的な姿勢で臨むことができるでしょう。

第3章
「文系院生は不利？」を乗り越える

　一橋大学では、『修士課程院生のための就職ハンドブック――研究との相乗効果をめざして』という冊子を発行しています。この冊子は、大学院生特有の不安や悩みに対する考え方を提示することと、「学修・研究と就職活動を別個のものと捉えず、互いの相乗効果を生み出していってほしい」という意図から制作したものです。本章ではこの冊子の内容をもとに、就職活動に取り組む際に留意してほしいことを説明します。

1　相乗効果を生み出すために

大学院での取り組みは就職活動にも活きる

　修士課程修了後に就職を考えている院生は、学修・研究と就職活動に同時並行で挑むことになります。「就職活動と学業は別々のもの」と考えている人もいるでしょう。しかし、それぞれの活動の全体像は以下のとおりであり、研究テーマ・専攻が就職と結びつきやすいか否かにかかわらず、大学院での学修・研究と就職活動には関連性があります。

学修・研究	就職活動
①問題意識をもち、先行研究を整理したうえで、独自の課題を設定する。	①興味・関心や志向を探りながら、自身の「軸」（就職先を選ぶ基準）を見いだす。
②適切な方法で情報を集め、論理的に分析する。	②情報を集め、自分なりの着眼点から志望先の理解を深める。
③自身の考えや意見をまとめ、他者に伝える。	③志望動機やアピールしたいことをまとめ、採用側に伝える。

就職活動の時期は修士課程での学修・研究の途中段階ですが，双方の活動で活かしあえるものは多々あります。たとえば前述の①は，双方とも「どのような社会が望ましいと考えているのか」，「どのような社会を実現したいのか」といった自身の志向を基盤にすることができるでしょう。このような関連性があるため，双方の活動は相乗効果を生み出せるといえます。相乗効果を生み出す切り口には「将来の方向性や志望先を考える」，「大学院での経験をアピールに活かす」，「大学院での経験を応用する」，「研究に還元する」の4点が挙げられます。次項よりこの4点の詳細を説明します。

相乗効果を生み出す切り口(1)——将来の方向性や志望先を考える
　研究テーマや専攻と志望先を結びつけて考えることは，自分自身にとっても採用側に説明するうえでも非常に重要です。その際，次の3つの観点から考えることが有効です。

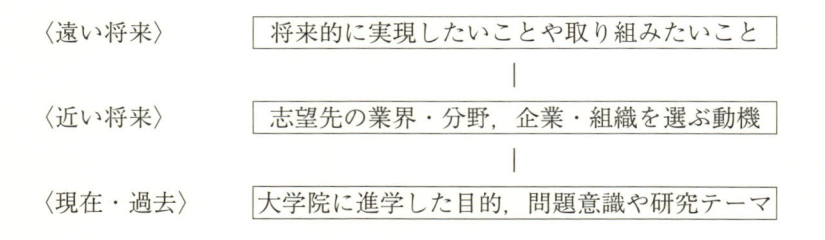

　　〈遠い将来〉　　　将来的に実現したいことや取り組みたいこと
　　　　　　　　　　　　　　　　　　｜
　　〈近い将来〉　　　志望先の業界・分野，企業・組織を選ぶ動機
　　　　　　　　　　　　　　　　　　｜
　　〈現在・過去〉　　大学院に進学した目的，問題意識や研究テーマ

　この3つに一貫した軸が見いだせると，学修・研究にも就職活動にも，そして就職後の仕事にも意欲的に取り組むことができるでしょう。また，採用側にこの3つの一貫性を説明することで，自身の目的意識の強さも伝えることができます。
　また，人文・社会科学系の大学院で学んでいる院生には，「過去や現在に○○といった問題や事象があるのはなぜか」，「異文化同士で△△といった違いがあるのはなぜか」などの社会に対する問題意識や関心事があるはずです。就職に結びつきにくいと思われる研究テーマだとしても，その根底にある問題意識に立ち返ってみてください。そして，その問題意識を「こんな社会になるとよい」といったプラス方向の発想に転換してみましょう。「自分はどのような社

会を実現したいのか？　どのような方法や立場でそれを実現したいのか？」を考えることで，自身の志向を見いだすことができるはずです。

そして，具体的な業界や企業を選ぶ際は以下の点をふまえ，自分の志向や問題意識に照らして考えてみてください。

◎自分の志向と適合するのは，どのような顧客にどのような価値を提供する業界か？
◎選択肢にいくつかの業界がある場合，自分の志向に照らすと，それぞれの業界の違いや特徴はどのように捉えられるか？
◎同じ業界のなかでも，どのような方針や強みをもっている企業で働きたいと思うのか？

このように考えることにより，納得のいく就職先を選ぶとともに，自分なりの興味・関心や着眼点をもって業界理解・企業理解を深めることができるでしょう。さらに，前向きかつ主体的な志望動機を見いだすことができれば，就職後に仕事への意欲も高められるはずです。

相乗効果を生み出す切り口(2)——大学院での経験をアピールに活かす

第1章で述べたように，院生には学部生よりもプラス2年（以上）の学生経験があるため，採用側から「学部生＋α」を求められます。文系の場合，「学部生＋α」とは専門性そのものよりも，大学院での学修・研究に精力的に取り組んだ経験とそれをつうじて養われる「能力」だといえます。そのため，採用側に志望動機や自己PRを伝える際は，専攻や研究テーマにかかわらず，大学院での取り組みを積極的に活用しましょう。

前項で述べたことにも関連しますが，志望動機については大学院での目標と将来の方向性とのつながり，社会に対する問題意識と志望先を選ぶ理由とのつながりをふまえて考えてください。自己PRを考える際は，第1章第4節にて述べたように，大学院での経験をつうじて養われる「能力」には就職後に活きるものが多々あることを念頭に置きましょう。図1は，一橋大学で実施したOB・OG座談会や各種セミナー，メールマガジンの特集「先輩キャリア・イ

ンタビュー」で修了者が語ってくれたことを分類してまとめたものです。ひとつの参考にしてください。

　なお，就職活動でこれらの「能力」をアピールする際は，具体的な経験談を挙げて説明するようにしましょう。たとえば，難易度の高い学修・研究に主体的かつ果敢に取り組んだプロセス，授業やゼミでの議論の経験，資料収集やフィールドワークなどで協力しあったり交渉したりした経験を活用してください。このような大学院での経験は，責任の重い仕事を任されたときや，考え方などの異なる人々と関わるときに応用できるものだからです。また，これらの経験を表現するにあたっては，第3節の「自己PR──困難を乗り越えたことと学んだことを伝える」で説明するポイント6点を押さえてください（149～150ページ参照）。

　そして，学修・研究においてもひとりで取り組んだのではなく，教員や先輩，友人など，まわりの人の指導・助言や支え，仲間との切磋琢磨があってがんばり続けられたことをふまえるようにしましょう。さらに，大学院では知識を吸収するというインプットだけでなく，「インプットを基礎にしたうえで課題を設定し，その要因を分析して結論を出す」というアウトプットに取り組んでいることも念頭においてください。

相乗効果を生み出す切り口(3)──大学院での経験を応用する
◆研究　→　業界研究・企業研究に応用

　大学院での研究は，「自分なりの問題意識や着眼点をもち，必要な情報を集めて読み解くなかで，自分の意見をまとめる」というものです。業界研究・企業研究に取り組む際は，「興味・関心に引きつけながら情報を集める」→「問題意識や着眼点をもって集めた情報を読み込む」→「自分の考えや課題提起を述べられるようにする」といった大学院での研究のプロセスを応用してください。

　研究を進める際は，フィールドワークをおこなったり，さまざまなところに出向いて文献・資料を収集したりするでしょう。同様に業界研究・企業研究に取り組むときもインターンシップ参加やOB・OG訪問をしたり，業界の専門誌や志望企業の新聞記事などに目を通したりすることに注力してください。一方，採用パンフレットやホームページなどの基本的な情報を丁寧に読み込むこ

図1　修士課程での経験をつうじて培われる能力

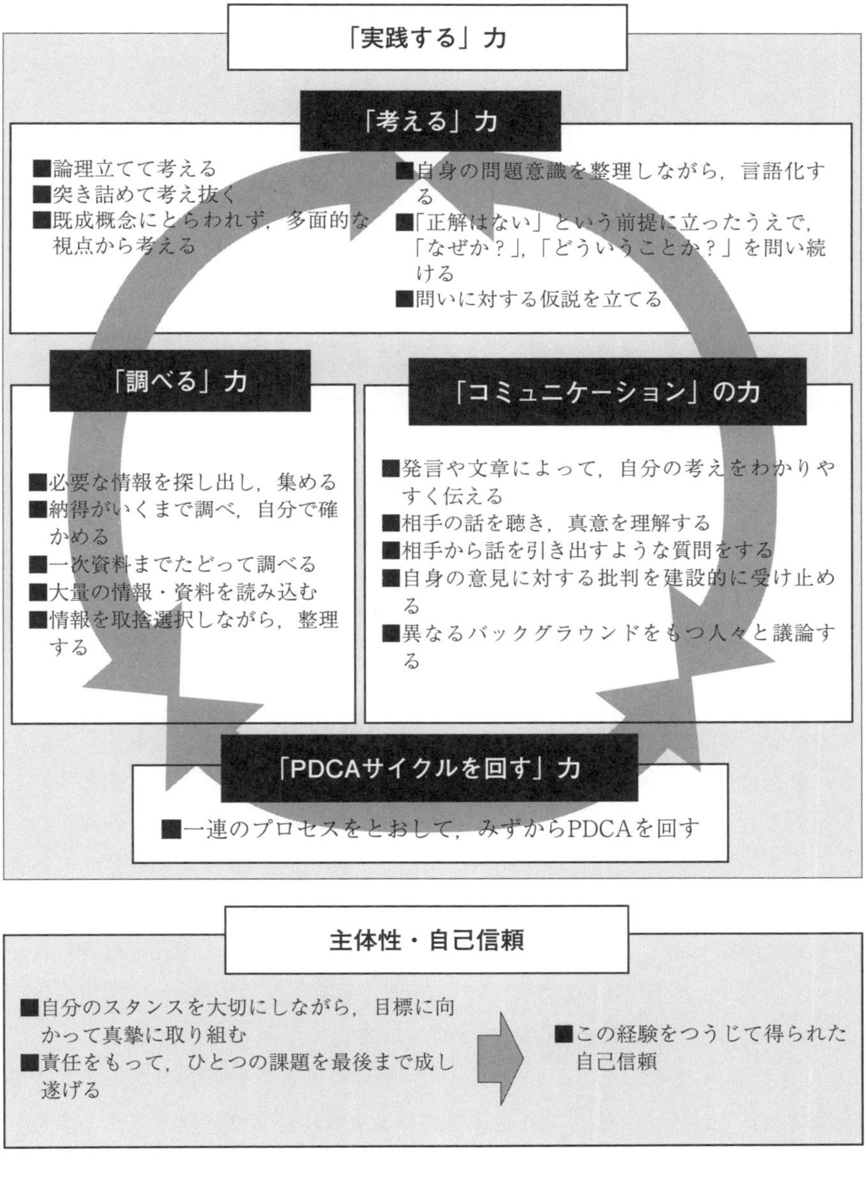

「実践する」力

「考える」力

- ■論理立てて考える
- ■突き詰めて考え抜く
- ■既成概念にとらわれず，多面的な視点から考える
- ■自身の問題意識を整理しながら，言語化する
- ■「正解はない」という前提に立ったうえで，「なぜか？」，「どういうことか？」を問い続ける
- ■問いに対する仮説を立てる

「調べる」力

- ■必要な情報を探し出し，集める
- ■納得がいくまで調べ，自分で確かめる
- ■一次資料までたどって調べる
- ■大量の情報・資料を読み込む
- ■情報を取捨選択しながら，整理する

「コミュニケーション」の力

- ■発言や文章によって，自分の考えをわかりやすく伝える
- ■相手の話を聴き，真意を理解する
- ■相手から話を引き出すような質問をする
- ■自身の意見に対する批判を建設的に受け止める
- ■異なるバックグラウンドをもつ人々と議論する

「PDCAサイクルを回す」力

- ■一連のプロセスをとおして，みずからPDCAを回す

主体性・自己信頼

- ■自分のスタンスを大切にしながら，目標に向かって真摯に取り組む
- ■責任をもって，ひとつの課題を最後まで成し遂げる

→ ■この経験をつうじて得られた自己信頼

注：PDCA＝Plan（計画）‐Do（実行）‐Check（点検）‐Action（改善）

とも軽視しないようにしましょう。

　また、研究では興味があるからこそ「もっと知りたい」という好奇心や探求心がわいてくるはずです。業界研究・企業研究も「やらなければならないから」と思うのではなく、好奇心や探求心をもって進めてください。

◆ゼミや授業での議論　→　グループディスカッションに応用

　大学院のゼミや授業では、「議論全体の論点を押さえながら、ほかの人の意見をその根拠や着眼点も含めて理解し、みずからも根拠や着眼点を示したうえで意見を述べる」ことを日々実践しています。採用選考のグループディスカッションでは、ゴールに向けて議論をプラスの方向に展開できるような発言が重要です。そのため、興味・関心のないものや専攻とかけ離れたものが課題として与えられても、大学院での経験を活かすことができるはずです。たとえば、メンバーが当然視しているような内容に対して「そもそも〇〇をどういうことだと捉えますか？」、「……という視点も考慮したほうがいいのではないですか？」と率直に投げかけ、参加者の視点を転換させたり、考えを深めさせたりできるとよいでしょう。リーダーやタイムキーパーといった役割にとらわれず、自分ができるチームへの貢献のしかたを見つけるようにしてください。

◆研究の位置づけの説明　→　オリジナリティを伝えることに応用

　大学院では「なにを明らかにしたいのか」だけでなく、「先行研究でまだ明らかにされていないことは〇〇だから、これを研究テーマに設定する」という、自身の研究のオリジナリティを説明することが求められます。そのように相対的な位置づけを述べることで、学術的な貢献性を示す必要があるからです。一方、相対評価となる採用選考では、エントリーシートでも面接でもほかの学生との違いを伝えることが重要となります。たとえば、同じようなアルバイトの経験をしたとしても、自分なりにがんばった理由は人それぞれ違うはずです。研究では「学術的な位置づけを述べ、貢献性を示すため」、採用選考では「ほかの学生と比較したうえで評価されるため」と目的は異なりますが、「なぜそのように考えたのか」という自分なりの考え方や着眼点を伝える重要性は共通しています。研究でも就職活動でもつねに「ほかの研究／人との違いはなにか」という自身のオリジナリティを念頭におきながら、自分の主張や経験談を述べられるようにしましょう。

◆「聴く」力と「訊く」力　→　面接に応用

　面接では「伝える」力だけでなく，「聴く」力と「訊く」力も評価されます。「聴く」力とは相手の話にじっくり耳を傾けて理解する力であり，「訊く」力は相手が応答しやすいように質問する力です。皆さんは授業やゼミ，資料収集やフィールドワークなどをとおして「聴く」力と「訊く」力を養っていますので，面接でも存分に発揮するようにしましょう。

◆課題提起　→　建設的に課題を述べることに応用

　面接のステップが進むにつれ，企業研究の程度や質をいっそう求められるとともに，応募先に対し課題を提起できることが重要になっていきます。課題提起といっても，第三者目線の批判とならないようにしましょう。大学院では先行研究の批判を土台として研究を進めますが，学術的に貢献するためには，建設的な批判をしなければなりません。同様に，応募先に課題提起をする際は「御社には○○という課題があるという話を聞き，私は△△をしていくとよいのではないかと考えています。その課題解決のために尽力していきたいです」など，当事者として関わりたいという「意欲」を示せるように表現しましょう。

相乗効果を生み出す切り口(4)——研究に還元する

　「相乗効果を生み出す切り口(1)——将来の方向性や志望先を考える」に関連しますが，就職活動をひとつの機会として，大学院での目標を見直すこともできるでしょう。学修・研究に対する意欲向上につながるのはもちろんのこと，面接では採用側に真剣な姿勢を伝えられるはずです。また，研究テーマと結びつけて志望先を考えたり，面接で研究テーマについて説明したりすることで，研究テーマを客観的に考え直すこともできるかもしれません。

　論文を書くこととエントリーシートなどの応募書類を書くことにも共通性があります。論文は自身の研究の価値が第三者に認められなければならないものであり，応募書類は採用側に評価されるように表現することが重要です。そのため，応募書類を書くことは「第三者が読んでわかりにくいところはないか」，「伝えたいポイントを明確に表現できているか」など，読み手の視点に立って文章を書くトレーニングだと捉えるとよいでしょう。同様に，面接で応答する

力は,ゼミなどで研究発表をする力として応用できると捉えてください。

2 │ 就職活動の流れと注意点

学修・研究との両立という問題

　院生にとって,学修・研究と就職活動に同時並行で取り組まなければならないことは大きな難関となります。そのため,就職活動の大まかな流れやスケジュールを知り計画的に進めていくようにしましょう。学修・研究と就職活動との両立のしかたには正解がありません。また,「なんのために大学院に進学したのか?」,「学修・研究で成し遂げたいことはなにか?」,「大学院での目標と就職や将来とのつながりをどのように考えているのか?」といった観点から自身の志向を見つめなおすことで,自分に合う両立のしかたを見つけていってください。

2016年卒からのスケジュール変更への対応

　図2（144～145ページ参照）は参考までの一例です。日本経済団体連合会の「採用選考に関する指針」などを遵守する企業は,2016年3月卒業・修了者向けの説明会を2015年3月1日以降に,面接を2015年8月1日以降におこなう予定です。ただし,外資系企業以外にもこれらを遵守しない企業がありますし,業界や企業ごとに細かいスケジュールは異なるので,丁寧に情報収集をしてください。とくに2016年3月卒業・修了者はスケジュール変更の初年度となるため,学生も企業も互いに手探りの状態で進めていくことが予想されます。そのため,就職活動をする仲間と積極的に情報交換をしながら進めるようにしましょう。

　参考までに,株式会社マイナビがおこなった「マイナビ企業15年卒の採用活動状況と16年卒に向けた検討調査」の結果を紹介します（調査期間は2013年12月17日から12月27日,全回答は483人の人事担当者）。この調査では,エントリーシートの提出締切や筆記試験の開始時期についてもっとも回答が多かったのは,4月（17.7%）,5月（20.6%）,6月（15.2%）の3カ月です。この時期がエ

ントリーシート提出と筆記試験のピークになると予測されます。また，面接開始の時期については，8月と回答した企業が全体の18.4％にとどまっているのに対し，4月17.4％，5月17.8％，6月15.1％，7月11.0％と，この4ヵ月を合わせて61.3％となっています。8月前に面接を開始する企業も多数あることに留意してください。

院生の場合，修士課程2年の9月中に就職先が決まらなければ，修士論文の執筆に影響が及んでしまいます。また，8月以降の就職活動では，海外留学から帰国した学生や公務員採用試験の不合格者も競争相手となります。9月までに順調に就職先を決めるためには，修士課程1年のうちの入念な準備が肝となるでしょう。準備としてとくに重要なのは，就職先を選ぶための基準を明確にしておくことと，実践的な応募経験を積んでおくことです。次項で詳しく説明します。

修士課程1年の時期に入念に準備する

就職先を選ぶための基準を明確にしておくことは，修士課程1年の3月までにどの業界・企業の説明会に参加するかを定めておくために有効となります。さらに，業界研究・企業研究を進めておければ，エントリーシートを書く際も，志望動機が考えやすくなるでしょう。

次に実践的な応募経験を積んでおくとは，エントリーシート提出やSPI 3などのテスト受検，グループディスカッションや面接を経験し，注意すべき点を押さえておくということです。8月に入ってしまうと，面接での失敗を改善していけるような時間的余裕はありません。面接の対応力は失敗をくり返して試行錯誤しながら磨かれていくものです。前述した株式会社マイナビの調査結果に表れているように，「採用選考に関する指針」などを遵守しない企業は8月前に面接をおこないますので，そのような企業を探して積極的に受けておきましょう。ただし，真剣に臨まなければ学べるものは少なくなるので，「この企業に就職したい」という意気込みをもって受けるようにしてください。

いずれも準備方法として活用すべきは，インターンシップです。夏季だけでなく秋季・冬季にもおこなわれるので，できるだけ複数の業界・企業のものに参加してください。とくに自分の興味・関心や就職先を選ぶ基準を明確にする

図2　2016年3月修了者の就職活動のスケジュールと注意点

| | 6月 | 7月 | 8月 | 9月 | 10月 | 11月 | 12月 | 1月 |

準備
- 自己分析
- 業界研究・企業研究
- 夏季インターンシップ（6月～7月上旬に応募，8月・9月に参加）→ 秋季・冬季インターンシップ（応募・参加の時期は企業による）
- OB・OG訪問

選考

> 📖 **Point**　「短期決戦」となるため，修士課程2年生の9月までに就職先を決めるには，修士課程1年生のうちの準備が肝。
>
> ☐ **6月～1月**：夏季・秋季・冬季インターンシップに積極的に参加する。応募経験を積むことと，就職先を選ぶ基準を見いだすうえで有効。進学と迷っている場合も活用できる。
> ☐ **2月（できれば年明け）まで**：「就職活動をするか」を決める。就職活動をしながら最終的な進路決定をしてもかまわない。
> ☐ **3月～6月**：就職先を選ぶ基準を見いだしながら，応募先を決めてエントリーする。実践的な経験を積むために，8月前に面接を受けることができる企業にも応募しておく。
> ☐ **8月下旬**：選考が順調に進んでいない場合は，まわりに相談しながら就職活動の取り組み方を見直す。
> ☐ **10月**：就職先が決まっていない場合は，修士論文の執筆と就職活動の取り組み方を考える。論文提出後に就職活動を再開する方法があることにも留意する。

準 備

[自己分析]
おもに以下の2つの方法を組み合わる。ひとりで机の上で考えるより，人と話しながら気づきを得ていくほうが有効。
◎過去の経験をふり返ったり，まわりの人から自分の特徴を教えてもらったりする。
◎働いている人の話を聞いたり，企業や仕事について調べたりするなかで，自分の興味・関心を探っていく。

[業界研究・企業研究]
◎広く浅く調べるのではなく，大学院での研究と同様に自分なりの興味・関心に引きつけながら調べる。
◎OB・OG訪問など，働いている人に話を聞くのはもちろんのこと，ホームページや採用パンフレットを丁寧に読み込むことも重要。

[インターンシップ]
「本選考で有利になるか」ということ以上に，次のような参加のメリットがある。
①選考を受けることの実践練習になる。
②職場を知り「自分に合うのか，働いてみたいか」を考える機会になる。
③自分の就職先を選ぶ基準を見つけるためのヒントが得られる。

[OB・OG訪問]
◎個別にじっくり話を聞くことで，各業界・企業や仕事への理解を深める機会になる。就職先を選ぶ基準の発見にもつながる。
◎ビジネスパーソンと話す練習になる。
◎大学のキャリアセンター／就職課にあるOB・OG名簿（学部の出身大学も含む）から探すほか，博士課程の先輩から企業に就職した友人を紹介してもらうなど，さまざまな方法を使う。

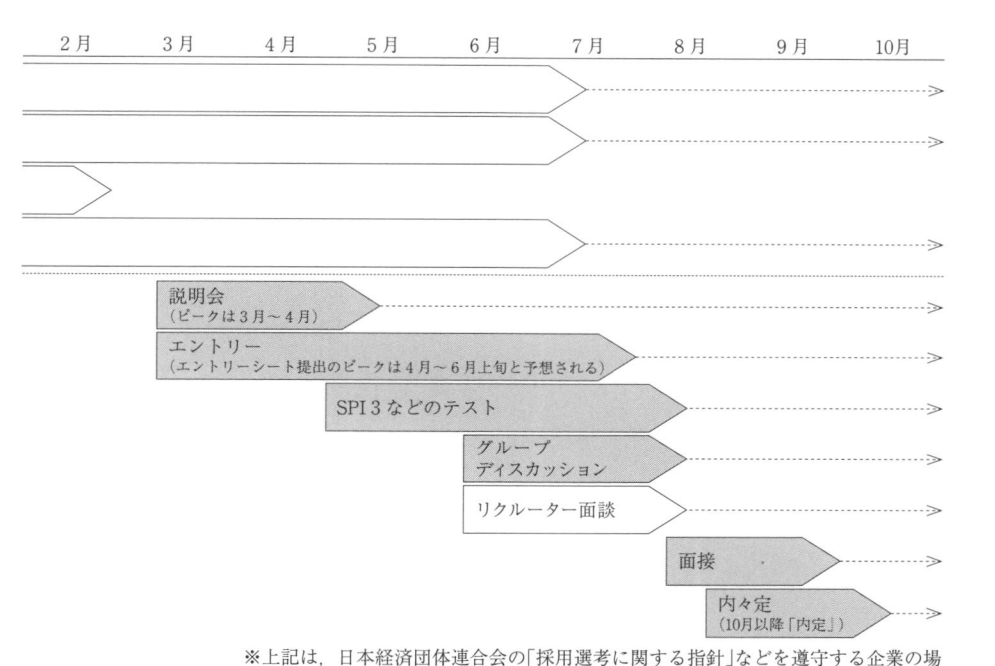

	2月	3月	4月	5月	6月	7月	8月	9月	10月

説明会
（ピークは3月～4月）

エントリー
（エントリーシート提出のピークは4月～6月上旬と予想される）

SPI3などのテスト

グループディスカッション

リクルーター面談

面接

内々定
（10月以降「内定」）

※上記は，日本経済団体連合会の「採用選考に関する指針」などを遵守する企業の場合の一例。10月以降に採用活動を続ける企業や通年採用をおこなう企業もある。

選 考

[説明会]
◎3月中は業界や企業を絞りすぎずに見て回り，自分の就職先を選ぶ基準を明確にしていく。
◎4月以降は，その基準に照らして志望度の高いところを選び，エントリーシート作成の準備を進める。

[エントリー]
◎大手有名企業，とくに人気企業やBtoC企業（個人向け商品・サービスを扱う企業）の場合，全国から応募者が殺到する。競争率は非常に高いので要注意。
◎学部生に比べ，院生はエントリーシートの通過率が低い傾向にある。くわえて，院生は学業との兼ね合いもあり，大量にエントリーすることは難しい。数を抑える場合は，自分の就職先を選ぶ基準に照らして，1社ずつ丁寧に受ける。

[SPI3などのテスト]
◎大学入試で数学を選択しなかった人や数学が苦手だった人は，とくに苦労する傾向がある。慣れることが重要なので，対策本である程度練習しておく。
◎テストは「足切り」にすぎないので，対策に時間をかけすぎないように。

[グループディスカッション]
◎重要なのは発言量や目立つことではない。
◎チームプレイや課題解決の「能力」が評価されることに留意する。
◎苦手なテーマが課題に与えられても，ゼミや授業での議論の経験を応用する。

[面接]
◎面接の場数をふみ，失敗をふり返りながらコツをつかむ。
◎8月より早い時期に面接をおこなう企業を受け，実践的な経験を積んでおくとよい。
◎7月までにリクルーター面談や質問会などをおこなう企業もある。学生に質問させる形式が多いので，準備が必要。

には，業界間や企業間の比較をすることが有効だからです。また，OB・OG訪問も活用しましょう。ビジネスパーソンと話す練習にもなるので，学修・研究の合間をぬって，できるだけ多くの人を訪問するようにしてください。

　また，修士課程1年の3月以降に就職活動で忙しくなることを考慮すると，研究も修士課程1年の時期にどれだけ基礎を固めておけるかが肝となります。指導教員にも相談しながら，修士課程1年から計画的に研究を進めるようにしてください。なお，修士課程2年の夏季休業期間にフィールドワークなどに時間をかけたい人は，8月前に内々定が得られるような企業を中心に受けるとよいでしょう。

9月までに就職先が決まらない場合
　8月中の選考が順調に進まない場合は，できるだけ早めに就職活動を見直してください。「応募先の選び方は適切だったのか？」，「業界研究・企業研究は十分だったのか？」，「面接での改善点はなにか？」といった点を自分なりにふり返るとともに，大学のキャリアセンター／就職課の教職員やOB・OGなど，採用側の目線に立てる人に相談することが有効です。

　多くの大学院では，10月から1月中旬は修士論文の執筆に集中しなければならない時期でしょう。9月までに就職先が決まらない場合，修士論文の執筆を優先して就職活動を中断するか，あるいは同時並行で双方に取り組むかを選択しなければなりません。中小企業であれば年明け以降にも求人は出るので，修士論文提出後に短期集中で就職活動を進める方法もあるでしょう。

3　エントリーシートを作成する

　就職活動を経験した院生によると，院生は学部生に比べてエントリーシートの通過率が低い傾向にあるようです。それは，「学部生と同じレベルの内容なら通過しにくい」ことが一因だといえるでしょう。そこで，本節では「志望動機」と「自己PR」を書く際，院生が注意すべきことを順にお伝えします。

図3　志望動機の組み立て方

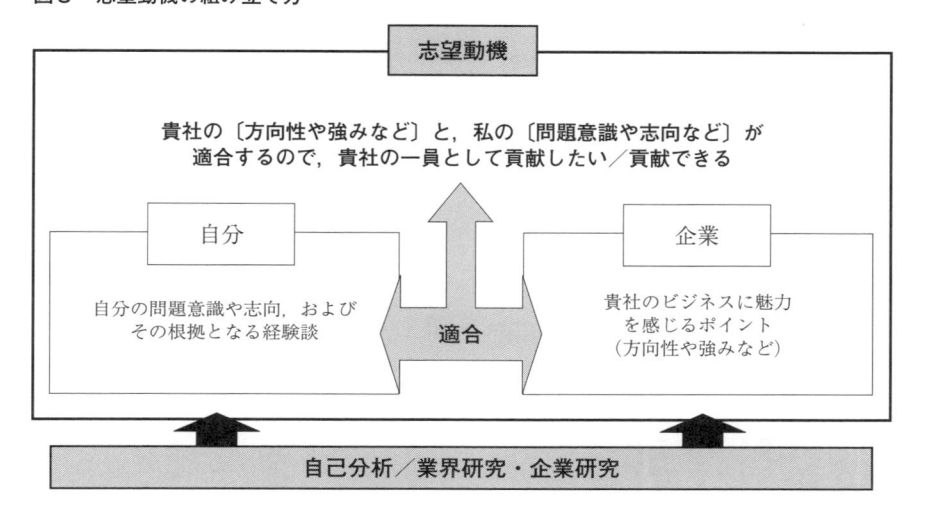

```
┌─────────────────────────────────────────────────────────┐
│                      志望動機                            │
│                                                          │
│   貴社の〔方向性や強みなど〕と，私の〔問題意識や志向など〕が  │
│   適合するので，貴社の一員として貢献したい／貢献できる      │
│                                                          │
│   ┌──────┐           ↑           ┌──────┐              │
│   │ 自分 │         適合          │ 企業 │              │
│   └──────┘           ↓           └──────┘              │
│  自分の問題意識や志向，                貴社のビジネスに魅力  │
│  およびその根拠となる経験談           を感じるポイント      │
│                                       （方向性や強みなど）  │
└─────────────────────────────────────────────────────────┘
              ↑                            ↑
     ┌─────────────────────────────────────────┐
     │      自己分析／業界研究・企業研究         │
     └─────────────────────────────────────────┘
```

志望動機──「成長できる」ではなく「貢献したい／できる」ことを伝える

応募者は「顧客や企業・組織に貢献した成果や価値に対して報酬をもらう」立場として選考されることになります。そのため，「志望動機」は「当社に長期的に貢献できそうな人材か？」，「当社の正社員としての責任と報酬を与えてもよい人材か？」といった点の判断材料として問われるのです。「成長できる」，「やりがいが感じられる」といった志望動機を書く院生が数多く見受けられますが，本人にその意図がないとしても，そのような志望動機は「自分本位だ」と解釈される可能性があります。学部生であれば差し支えないかもしれませんが，院生は「学部生＋α」を示さなければなりません。前述の立場で選考されることを強く認識したうえで，「貴社の一員となって貢献したい／できる理由」を図3を参考にして組み立てるとよいでしょう。

図3のように組み立てるための流れは次の通りです。(1)まず，業界研究・企業研究をふまえて，応募先企業のビジネスに魅力を感じるポイントはなにかを考えます。(2)次に，それは自分がどのような問題意識や志向をもっているためかを考えます。くわえて，その問題意識や志向をもったのはどのような経験をしたためかも考えてください。これが自己分析にあたります。(3)最後に，応募先企業と自分の考えがどのように適合するから，その企業に貢献したい／

できるといえるのかを考えます。自分の頭のなかで考える際は(1)と(2)の順番が逆でもかまいませんが，エントリーシートには(1)を先に記述するほうが「貴社に貢献したい」という意欲が伝わりやすくなるでしょう。

　以下では，志望動機の回答サンプルとそれに対して採用側が感じることを紹介します。サンプルⒶは院生にありがちな書き方になっています。サンプルⒷは，前述の志望動機の組み立て方をふまえて書きなおしたものです。「100点満点のお手本」ではありませんが，同じ人が書いても読み手に与える印象は変わることを感じとってください。なお，ここでは「当社で取り組みたい仕事」という質問項目が別途あるものと仮定します。

志望動機：サンプルⒶ

私は第三者として企業の活動を支援することに興味があり，コンサルティング業界を志望しています。学部時代に水泳部女子主将を務めて身につけたリーダーシップと大学院で養ってきた論理的思考力が活かせると思うためです。中でも貴社を志望する理由は次の2点です。①説明会で社員の方が「現場の従業員と一緒に汗をかき，顧客のためになることを必死で考える」と熱く語っていらっしゃいました。経営者の目線とともに現場の従業員の目線も重視するコンサルティングに共感し，このような方と一緒に働きたいと思うためです。②新入社員の教育体制が充実していて，優秀なコンサルタントに囲まれることで早くから成長できると考えているためです。（298字）

〈採用側が感じること〉
◎業界に興味をもった理由に説得力がなく，コンサルティングである必然性も感じられない。
◎志望動機の2点が論理的に構成されていない。
◎ほかの企業にも同じことがいえるので，「当社でなくてもよいのではないか」と感じられる。
◎「教育体制が充実」という表現から受け身の姿勢が感じられ，みずから

成長するという意欲が見えない。

> **志望動機：サンプルⒷ**
>
> 経営者と従業員の満足を追求するために，貴社でHRM※のコンサルティングを行いたいです。これまで日本企業の人材育成について学び，ビジネス環境が激変する中で企業の経営力を高めるには，両者の満足を追求し続けることが肝要だと考えています。貴社は顧客の現場に入り込んで従業員の抱える問題や本音を掌握することで，実効性の高いコンサルティングを提供することに信念と強みをもっていらっしゃいます。そのような貴社で制度設計や研修実施に留まらず，現場のマネジメントやOJTにまで踏み込み，両者の満足度向上に貢献したいです。大学院で両者の利害への理解を深めてきたことを活かし，両者から信頼されるコンサルタントをめざします。(295字)
>
> ※HRM：Human Resource Management（人材マネジメント）
>
> ---
>
> 〈採用側が感じること〉
> ◎大学院での学びと志向とのつながりが説明されている。
> ◎顧客に貢献することを重視する姿勢が伝わってくる。
> ◎他社ではなく，当社を選ぶ理由を具体的に述べている。
> ◎理路整然と説明できているが，一方で熱意はあまり伝わってこない。
>   →【改善策の例】文章の表現を工夫するほか，別の質問への回答で補う，面接で熱意を込めて伝えるなど。

自己PR──困難を乗り越えたことと学んだことを伝える

「自己PR」に分類される質問には，「学生時代にがんばったこと」，「失敗や挫折を乗り越えた経験」，「新しいことにチャレンジした経験」などが挙げられます。それらの質問では，「当社の仕事に活かせるような「能力」や強みをも

っているか？」,「当社の仕事に応用できるような経験をしているか？ 経験したことから学び，自主的に成長し続けられる人材か？」といった点が評価されます。「自己PR」を書く際は，状況説明や成果よりも，困難を乗り越えたプロセスや経験から学んだことに重点を置いてください。具体的には以下のように構成するとよいでしょう。書き上げたあとは全体を読み返し，「論理的にきちんとつながっているか」をかならず見直してください。

---

1. 最初の1文には質問に対する回答（≒結論）を書く
   例：学生時代にがんばったことは？
   →学部3年生のときに，他大学のゼミと交流発表会をしたことです※
2. なぜそのことに取り組んだのか？どのような目標を立てたのか？
   → 〈Why〉
3. 途中でどのような問題に直面したのか？
4. その問題の要因をどのように考え，どのような対応をしたのか？
   → 〈How〉
5. どのような成果を生むことができたのか？
6. その経験から学んだこと，今後に活かしたいことはなにか？
   → 〈So What〉

   ※「4年間の勉強」など，長期的に取り組んだ経験を書く人もいますが，上記のように，そのなかでとくにがんばった体験談をひとつ特定して取り上げるとよいでしょう。

以下では，「学生時代に一番がんばったこと」という質問への回答サンプルとそれに対して採用側が感じることを紹介します。サンプルⒶは院生にありがちな書き方です。サンプルⒷは前述のポイント6点をふまえて書きなおしたものとなっています。こちらも「100点満点のお手本」ではありませんが，読み手に与える印象の違いを感じとってください。

> 自己PR：サンプルⒶ

大学院入試の受験勉強です。私は大学入学当初から大学院進学を考えていましたが，研究に取り組むコツがなかなかつかめずにいました。しかし，入試の2カ月前に指導教員から「合格は厳しい」と言われ，何とかなるだろうと思っていた自分の甘さと進学の目的を深く考えられていなかったことに気づきました。2カ月しかありませんでしたが，どうしても進学したいと思ったのでその日から猛勉強を始めました。集中して勉強すると自分の興味もどんどん深まっていき，受験のためというよりも勉強自体が面白くなっていきました。最終的に，研究計画書を書き上げて面接も突破できました。その後，継続して卒論もがんばり納得のいくものを書き上げました。(299字)

〈採用側が感じること〉
◎経験したことや気持ちを書き連ねているだけで，全体的に論理性が不十分。
◎大学院に進学する理由が明示されておらず，応募者の志向が見えない。
◎「指導教員の叱咤のおかげ」というような受け身の姿勢が感じられる。
◎自分なりの工夫やまわりの協力を得ることなど，「猛勉強」の内容が具体的に書かれていない。

> 自己PR：サンプルⒷ

大学院入試に向けて勉強に打ち込み，合格したことです。入試が2カ月後に迫る頃，指導教員から「合格は難しい」と言われました。しかし，「この研究テーマを自分の力で追究したい」という進学目的を再確認しました。それから毎日12時間以上，文献や資料をひたすら読み込みました。さらに，指導教員から問われ続けた「明らかにしたいことは要するに何か？それはなぜか？」を重視し，問題意識の深掘りと客観化に注力しました。そして，大学院の先輩にアドバイスをもらって研究計画書を書き上げ，面

接で指導教員を含む教員3名に認めてもらうことができました。この経験から苦況のときこそ自分の目標を見つめ直すことが大切だと学びました。
（297字）

〈採用側が感じること〉
◎自分なりに努力した方法や注力したポイントが具体的に書かれている。
　自分自身の努力だけでなく，先輩の協力を得たことも書かれている。
◎この経験をつうじて学んだことや得たことが書かれている。
◎学生時代の経験のなかで，なぜ「大学院受験が一番がんばったこと」といえるのかがわからない。
　※実際のエントリーシートでは，自己PRに関する質問は1社につき複数あることが一般的なので，ほかの質問への回答と相互補完できるようにするとよいでしょう。

4　研究テーマを説明する

　第1章第5節でも述べましたが，最近の企業の面接ではゼミや研究テーマについて熱心に聞かれることが増えているようです。それは，「学業にも積極的に取り組んできたのか」，「学業の取り組みのなかで壁を乗り越えたことはあるのか」といった観点はもちろんのこと，学業をつうじて養ってきた「能力」を評価するためだと考えられます。
　エントリーシートでも面接でも，研究テーマを考えるに至った主観的な問題意識や具体的な分析手法を中心に説明する院生がいます。しかし，そのような内容では「学部生の卒論レベル」の印象を与えてしまう可能性があります。採用側が研究テーマの質問をつうじて見ようとするのは，おもに論理的かつ客観的に問題を捉える「能力」や，専門外の人にも自分の研究の価値をわかりやすく説明できる「能力」だということを念頭に置きましょう。

論理的かつ客観的に問題を捉える「能力」を示す

　大学院生ならではの学術的な水準で研究に取り組んでいることを示すためにも，以下の点を説明できることが重要です。

　◎先行研究はどのような立場・方法でどのような課題を明らかにしてきたのか？
　◎先行研究でまだ明らかにされていない課題はなにか？
　◎先行研究と自分の研究との違いはなにか？
　◎どのような仮説を立て，それを検証するためにどのようなアプローチが適切だと考えているのか？
　◎自分の研究はどのような学術的・社会的価値を生むものなのか？

専門外の人にもわかりやすく説明する

　「専門外の人にも自分の研究の価値をわかりやすく説明する」という「能力」は，いわゆるプレゼンテーションの「能力」の一要素です。上記のような点を説明する際は，専門外の人も理解できるよう，明確かつシンプルにポイントを整理しておきましょう。「専門が近しい人以外にはなかなか理解されないだろう」と思い込まずに，「自分の専門分野についてまったく知らない人の興味をそそるにはどのように伝えたらよいか」を重視してください。

研究テーマの説明のしかたと採用側が感じること

　本項では，研究テーマに関する質問への回答サンプルとそれに対して採用側が感じることを紹介します。サンプルⒶは院生にありがちな書き方になっています。サンプルⒷは前述の「論理的かつ客観的に問題を捉える」ことと「専門外の人にも自分の研究の価値をわかりやすく説明する」ことに留意し，書きなおしたものです。企業・組織によって選考基準は異なりますが，それぞれに対し採用側が感じることの一例として参考にしてください。

> 研究テーマ：サンプル Ⓐ

日本企業の人事管理制度や人材活用に関する研究をしています。バブル経済の崩壊後，日本企業の多くはアメリカ企業を模範とし，能力主義から成果主義の人事管理制度へと改革を進めました。しかし，日本特有の企業文化に合わないことなどから，その改革による弊害が起きた企業も少なくありませんでした。しかし，経済成長が停滞している現在でも，右肩上がりの時代に培われた強み，特に職場におけるチームワークの体制は日本企業の経営強化と人材活用の基盤にすべきものです。それを論証するために，1970年代～80年代の日本企業の職場の体制を調査しています。人的資源論や労使関係論を学びながら，この課題を明らかにしたいと考えています。
（300字）

〈採用側が感じること〉
◎要するになにが研究テーマであるのかがわかりにくい。
◎ニュースなどで一般的にいわれていることと自身の考えを混在して述べており，論理性に欠ける。
◎先行研究との比較がないまま自分の主張と研究方法だけを述べているため，この研究の学術的・客観的意義がわからない。

> 研究テーマ：サンプル Ⓑ

日本企業の大卒従業員を対象に，職場の体制が勤務意欲に与える影響を研究しています。先行研究は，大卒従業員の昇進ポストが限られてきた中で1970年代に職能資格制度が導入され，昇格競争という意欲喚起の構造がつくられたことを明らかにしました。しかし，本研究では日々の勤務意欲に影響を与える直接的要因として，制度のほかに職場の体制に着目します。そして，1970年代から1980年代に強化されたチームワークの体制が「仲間のため」，「周りに迷惑をかけられない」という意欲をかき立て，意欲喚起の構造を補強してきたと仮説を立てています。この時代にある企業に勤務

した大卒従業員複数名にインタビューを行い，仮説を検証します。(300字)

〈採用側が感じること〉
◎研究課題（仮説を含む）と研究対象を明確に述べている。
◎先行研究との違いを述べることで，この研究の位置づけを説明している。
◎全体をつうじて，この研究で明らかにしたいことを一貫して述べている。

5　Questions & Suggestions——院生の疑問に「応え」ます

　本節では，院生が抱きやすい疑問に対し，大切にしてほしい考え方や視点をお伝えします。いずれも「正解」があるわけではないので，"Questions & Answers"ではなく"Questions & Suggestions"としています。個別事情やその人に合った方法などがあるため，実際には人それぞれです。ここで提示するSuggestionsとともに，さまざまな人の話もふまえながら，みずから問い続ける姿勢をもつようにしてください。

Question
　学部時代に就職活動をしなかったので，インターンシップには行ったほうがいい？

Suggestion
◆採用活動のスケジュール変更に対応するためにも重視しよう
　学修・研究で忙しい院生にとって，学部生のように多くの企業を見て回ることは難しいので，ぜひインターンシップを有効活用してください。本章第2節で述べたように，とくに2016年3月以降の修了者は採用活動のスケジュールが後ろ倒しとなるので，修士課程1年のうちにしっかり準備しておくことが重要です。そのため，夏季インターンシップだけでなく，秋季・冬季インターンシ

ップにも積極的に参加するようにしてください。

◆興味・関心を広げ，志望先を探る機会にしよう

　インターンシップは実際の職場を体感したり，働いている人と接したりすることで，興味・関心を広げることや探ることのできる機会になります。先輩のなかにも以下のような経験をした人がいますが，志望する業界や企業ではなくても思わぬ発見があるかもしれません。

　◎メーカーと金融機関のインターンシップに参加したところ，「金融のほうが自分の志向に合っていそうだ」と気づいた。
　◎営利を追求する企業に疑問をもっていたが，あえてベンチャー企業のインターンシップに参加したところ，「おもしろい！」と思えた。
　◎志望度の高い公的機関のインターンシップに参加したが，「自分の思い描いている仕事は企業のほうができるかもしれない」と思った。

　インターンシップの経験を活かして志望先を探っていくために，業界や企業・組織，職務に対して感じたことを整理しておきましょう。具体的には，プラス面（魅力を感じたことや興味・関心をもったこと，およびそのように感じた理由）とマイナス面（違和感をもったことや不安を感じたこと，およびそのように感じた理由）に分けて整理してみてください。

　また，インターンシップをつうじてほかの学生と比べた自身の強みや特徴を発見することもできるかもしれないので，さまざまなことを得る機会として活用するとよいでしょう。

◆働くイメージをつかむ機会にしよう

　インターンシップへの参加は，「職務における目標と成果とは」，「成果にむけたプロセスとは」，「求められるコミュニケーションの「能力」とは」などを知り，就職への心構えを固める機会にもなります。博士課程への進学か就職かを迷っている場合や，企業で働くことに不安や違和感がある場合も，インターンシップ参加によって自分の考えを確かめることができるかもしれません。

◆応募経験を積むことそのものにも意味がある

　エントリーシートの書き方には，大学院でのレポートやレジュメとは違う要領があります。300字や400字という限られた字数で「自己PR」を記述することに慣れておくことも重要です。新卒採用のエントリーがピークとなる4月か

ら6月には，日々期限に迫られながら複数のエントリーシートを書くことになります。インターンシップのエントリーシート作成で練習しておくと，そのときに慌てずに済むかもしれません。

また，インターンシップの選考に通過できなかったとしても，面接を受けることは実践的な練習となります。緊張した状況で，初対面の面接官に短時間で自分を理解してもらうことの難しさを体感しておくとよいでしょう。

Question

　企業はチームワークの経験談を好むと聞くので，自己PRにはひとりで取り組んでいる大学院時代の経験談よりも，学部時代のものを書いたほうがいい？

Suggestion

◆大学院での取り組みも，人との関わりは多くある

　まず一度，「大学院での学修・研究は本当に自分ひとりで取り組んだのか」を考えてみてください。グループワークなどでないかぎりチームワークとはいいがたいかもしれませんが，授業やゼミでの議論，院生同士の自主的な勉強会も人と関わって取り組んでいることを念頭におくようにしましょう。

　また，チームで取り組んだ経験ではなくても，「大学院のハイレベルな授業についていくために，いろいろな人に相談することで，具体的な取り組み方を明確にし，試験も通過できた」といったアピールをした人もいます。仕事においても自分の力量以上のものを任されることがあります。そのため，そのような状況におかれても最終目標に向けて着実に取り組んだという経験は，採用側の評価ポイントになることにも留意してください。

◆「自己PR」は諸活動を効果的に組み合わせよう

　チームワークそのものを質問された場合は，チームワークに関する体験談をきちんと答える必要があります。大学院で経験したことのなかで適切なものがなければ，学部時代のものを組み合わせて答えましょう。

　リーダーシップを発揮した経験，失敗や挫折を乗り越えた経験，他人の役に立った経験など，これまでの経験に関して複数の質問に答える際は，大学院での学修・研究だけでなくアルバイトやボランティア活動，学部時代の部活動・

サークル，寮委員などの諸活動を効果的に組み合わせてください。「効果的に組み合わせる」とは，「どの質問に対しどの体験談を答えるとより有効なアピールになるのかを判断する」ということです。就職活動の時期は学修・研究の途中段階にあるので，「大学院でこれを成し遂げた」とはいいにくいかもしれません。しかし，「自己PR」がすべて学部時代のものだと，「大学院ではがんばっていないのか」と受け取られる可能性がありますし，「学部生＋α」もアピールできません。一方，学修・研究以外の諸活動を組み合わせることで，研究テーマや専攻にとどまらない興味・関心の広さも示せるでしょう。

Question

M2の就職活動がうまくいかなかった場合，M3でもう一度活動したほうがいい？ それとも，既卒として活動をしたほうがいい？

Suggestion

◆「M2＋1年」の意味を前向きかつ誠実に説明できるように

あらためて活動したい場合は，「どちらが少しでも有利か」を考える前に，M2のときの就職活動をよくふり返り，具体的な課題や改善策を明確にすることを大切にしてください。

また，M3の場合は「M2＋1年」という状況になります。そのため，「＋1年が自分にとってどのような意味があったのか？」，「その1年があったからこそ得られたものはなにか？」といったことを前向きかつ誠実に捉え，採用側にも説明できるようにしなければなりません。

「経済的自立をさらに1年遅らせた」と受け取られる可能性があるので，親や家族に対してどのように考えているのかも説明できるようにしましょう。

◆修士論文と就職活動に対する自分の考え方を整理しよう

新卒の就職環境が依然厳しいことから，厚生労働省は主要経済団体や業界団体に対し，卒業後3年以内の既卒者の応募を新卒枠で受けつけることなどを要請しています。また，卒業後3年以内の既卒者を採用した企業への奨励金制度を運用するなど，既卒者の雇用促進施策もおこなっています。

「学生としての身分があったほうが有利」という話を聞くことがあるかもし

れませんが，一概にはいえません。どちらの選択が正しいということはないので，指導教員や先輩，家族にも相談しながら，納得のいく選択をするようにしてください。たとえば，「先に修士論文を書き上げるほうが，修士論文と就職活動のそれぞれに専念できそうか？」，「M2で修士論文を書いても十分なものに仕上げられないなら，再び就職活動と同時並行で取り組むことを覚悟して，M3でしっかり書き上げたほうがよいのではないか？」というように，自分なりの考えを整理してみましょう。自分が納得できる選択をしたほうが意欲的に取り組めるはずですし，上記の「M2＋1年」の意味も前向きに説明できるでしょう。

6 スムーズに就職先を決めるためのポイント

本章の最後に，学部生か大学院生かにかかわらず，就職先をスムーズに決めるためのポイントをお伝えします。以下に挙げる3点は，研究の面でも非常に重要となります。就職活動においても研究においても意識的に取り組むことで，相乗効果を生み出していってください。

PDCAサイクルを回す

スムーズに就職先が決まる人は，面接などで失敗したことから自分の課題を発見し，今後同じ失敗をしないために，なにをどのように改善したらいいかをふり返ったうえで，実行するようにしています。それはつまり，PDCA（計画→実行→点検→改善）サイクルを回しているといえます。不採用が続くとどうしても落ち込んでしまうと思いますが，「失敗はよい勉強」と捉えて，前向きに次に活かすようにしましょう。

採用側に「伝わる」ことを重視する

面接を受けるなかで「自分の話し方だと，相手に伝わっていないのではないか」と感じることがあると思います。スムーズに就職先が決まった人は，PDCAサイクルを回しながら，「その質問によって面接官はなにを評価したか

ったのか」,「面接官の評価ポイントに合わせてアピールするためには，どのように表現すればよいのか」を考え改善していったようです。たとえば,「学生時代にがんばったことを質問されたので，自分は飲食店のアルバイトリーダーを任されたことを話した。しかし，集団面接でほかの学生が「アルバイトでどんな困難を経験し，自分なりにどんな工夫をして成果を挙げたのか」を具体的に話すのを聞いた。そのほうががんばったイメージが明確に伝わると感じた。面接官も興味をもって聞いていたので，入社後に活躍してもらえると思ったのだろう」と，ふり返った先輩もいます。

つねに「採用側はなにを知りたいのか」,「それに応答するにはどのように表現するとよいのか」を考えながら，エントリーシート作成や面接に取り組むようにしましょう。

まわりの人の協力を得る

スムーズに就職先が決まる人は，PDCA サイクルを回すにあたり，まわりの人のアドバイスや意見を求め，積極的に活かそうとしています。それは,「自分の改善点は，ほかの人に見いだしてもらったほうがいい」と考え,「自分の失敗を他人に打ち明けることを恥じてはいけない」と思っているためでしょう。

内定を得る人が増えてくると,「内定をとっていないことが恥ずかしい」と思ってしまい，まわりに相談しなくなる人がいます。友人に相談しにくければ，大学のキャリアセンター／就職課に相談するようにしてください。苦しいときこそ，ひとりで悩みを抱え込まないようにしましょう。

第4章
日本で就職をめざす外国人留学生へ

　2012年5月1日現在,日本には13万7756人の外国人留学生(以下,留学生)がいます(2012年度外国人留学生在籍状況調査結果,独立行政法人日本学生支援機構)。また,2011年4月1日から2012年3月31日の期間の修士課程修了者は9361人となっており,そのうち出身国・地域で就職した人が15.2%であるのに対し,日本で就職した人は27.9%と上回っています(2011年度外国人留学生進路状況調査結果)。一橋大学では2013年5月1日現在,学部・大学院合計で689名の留学生が在籍しており,そのうち修士課程の在籍者は204名(全体の29.6%)となっています。これは修士課程の全在籍者750名のうち27.2%を占め,そのなかで日本で就職することを希望する人は年々,増加傾向にあります。

　一方,近年ますます「グローバル人材」を必要としている日本企業の多くは,その有力候補として留学生を位置づけ,積極的に採用するようになっています。しかし,日本での就職をめざす留学生は,日本人学生とは異なるさまざまな問題に直面してしまいます。くわえて,各企業の留学生の採用枠は限られているため,留学生間の競争も厳しいのが現状です。

　そこで本章では,おもに修士課程に在籍する留学生を対象に,日本で就職活動をするうえでの注意点について説明します。

1　留学生が直面する問題

　諸外国とは異なり,日本企業は中途採用よりも新卒採用に重点をおいたうえで,職種別採用ではなく総合職採用をおこなうことが一般的です。そして,第1章第3節で述べたように,採用選考でおもに評価するものは,すでに有している資格や技能よりも「ポテンシャル」となります。現状では,留学生採用に

関しても同様です。一方，日本企業で働く外国人従業員もいまだ日本語を使う場面が多いため，留学生採用においては英語力にくわえ，日本語力の高さも求められています。そのようなことから，留学生が日本で就職活動をする際に直面しがちな問題には以下のものが挙げられます。

情報収集とその理解
◎日本の就職活動に関する情報や理解が不足している（たとえば，商学研究科や経済学研究科の留学生は専門性を活かすことを重視する傾向があるため，総合職採用をおこなう日本企業が専門性よりも「ポテンシャル」を評価することを理解しにくい）。
◎情報不足に対する不安からインターネットや就職対策本に頼る傾向があるが，情報過多となってしまい，適切な取捨選択ができない。

年齢や職歴
◎出身国の大学を卒業後，さまざまな経験をしてから日本に留学している場合，日本人学生の新卒者よりも年齢が高いため，新卒採用の選考の難易度が上がる。
◎出身国で数年程度の職歴がある場合，新卒採用枠で応募できる企業が限られる。職務経験が重視される中途採用枠で応募すると，選考の難易度はさらに上がる。

語学力
◎来日から就職活動を始めるまでの期間が短いため，日本語力（とくに会話力）が企業が求めるレベルに達していない。

出身地域別の競争の厳しさ
◎留学生のうち中国出身者62.7%，韓国出身者12.1%，台湾出身者3.4%（2012年度外国人留学生在籍状況調査結果）と全体の7割以上を占めるため，この3地域出身者間の競争率はとくに高い（年齢が低い人，職歴がない人，日本語力が高い人，日本語力だけでなく英語力も高い人ほど就職は決まりやすい。また，欧米・南米や東南アジア出身者は少数のため，上記の3地域出身者に比べると企業から年齢や職歴，日本語力などを厳しく見られず，就職が決まりやすい傾向にある）。

<u>志望先の選び方</u>
◎「日本で就職するからには大手有名企業がいい」というこだわりをもつ。または，大手有名企業以外の企業の探し方がわからない。

このような諸問題に直面するとしても，早期に就職先が決まる留学生はもちろんいます。しかし，日本人学生に比べ，就職先がなかなか決まらない傾向があるため，結果的に日本で就職することをあきらめ，修了後に帰国する人も少なからずいます。そこで，次節では日本での就職を希望する留学生に注意してほしいことを詳しく説明します。

2 留学生の就職活動の進め方

一橋大学では，『外国人留学生のための就職ハンドブック──日本でキャリアをスタートするために』という冊子を発行しています。この冊子は，留学生の不安や悩みに対する考え方を提示したり，留学生が陥りがちな失敗への対処のしかたを説明したりする内容となっています。本節ではこの冊子をもとにとくに留意してほしいことを紹介します。

なお，日本での就職活動に苦労する留学生は非常に多いですが，日本企業からの期待が非常に大きいことにも目を向けてください。期待とは，グローバル展開のために活躍してくれる人材の候補として留学生を位置づけているということです。だからこそ，前向きな姿勢で就職活動に取り組むようにしましょう。

就職活動に取り組むうえでの注意点
日本の新卒採用には「定期的に一括しておこなう」という特徴があり，企業は年間スケジュールを定めたうえで採用活動を進めます。また，日本企業の多くは，日本人学生と留学生のいずれに対しても同様の選考方法を用いています。日本人と同じ選考ステップをクリアしなければならないというのは，留学生にとって容易なことではありません。

たとえば，SPI 3などのテストやグループディスカッションは，事前に練習してポイントをつかんでおく必要があります。就職活動での合格率は大学受験の合格率に比べ非常に低いため，学生は30社以上にエントリーすることが一般的です。留学生にとって日本語でエントリーシートを書く負担はかなり大きいため，やはり早めに準備を進めることが重要になります。くわえて，ビジネスパーソンと日本語で会話するといった慣れない経験をする一方で不採用が続いてしまうと，ストレスはいっそう増えてしまいます。そのようなときには，自分なりの息抜きの方法を見つけたり，「日本について学ぶ貴重な機会」と捉えて就職活動を楽しんでみたりするようにしてください。

　また，前述のように留学生はインターネットや就職対策本に頼る傾向がありますが，大量の情報を取捨選択するためにはよき相談相手が必要です。そして，内定を獲得するには企業の採用担当者，つまり他人に評価されなければならないため，「他人が自分の話をどう受け止めるのか」を理解することがより重要となります。そのため，まわりの人の意見やアドバイスを聞くことがやはり非常に有効です。ただし，留学生だけでなく，日本人の相談相手をつくりましょう。内定者の先輩やOB・OGはもちろんのこと，大学のキャリアセンター／就職課の教職員にも積極的に相談するようにしてください。

就職活動の各ステップにおける注意点

　図1を参考にして，全体的なスケジュールを把握したうえで，しっかり準備をして臨むようにしましょう。2016年3月以降の修了者の場合，とくにポイントとなるのは以下の3つの時期です。この時期に悩んだら，まわりの人や大学のキャリアセンター／就職課にかならず相談しましょう。

- ◎2月（できれば年明け）まで：「日本で就職活動をするか」を決める（「日本で就職をするか」は就職活動をしながら決めてもよい）。
- ◎3月～6月：就職先を選ぶ基準を見いだしながら，応募企業を決め，エントリーシートを提出する。
- ◎8月下旬：選考が順調に進んでいない場合は，まわりに相談しながら就職活動の取り組み方を見直す。

図1　留学生の就職活動の各ステップの注意点

準　備

[情報収集]
◎大量の情報を取捨選択していくことが重要。
◎インターネットや就職対策本ばかりに頼らず、相談できる先輩や友人を見つけておく。
◎大学のキャリアセンター／就職課の個別相談も積極的に活用する。

[自己分析]
※第3章図2参照。

[業界研究・企業研究]
※第3章図2参照。

[インターンシップ]
◎以下のような参加のメリットがあるが、留学生の場合はとくに②が重要。
　①選考を受ける練習になる。
　②日本企業の職場を知り、「自分に合うのか、働けそうか」を考える機会になる。
　③就職先を選ぶ基準を見いだすヒントをつかめる。
◎各大学の正課授業となるインターンシップや、キャリアセンター／就職課などが仲介するインターンシップの場合、一般応募よりも選考に通過しやすい。積極的に活用するように。

[OB・OG訪問]
◎説明会などでは聞きにくいことも個別にじっくり聞けるので、日本企業への理解を深める機会になる。
◎日本語でビジネスパーソンと話す練習になる。
◎日本人のOB・OGにも遠慮せずお願いする。

Point
☐ **2月（できれば年明け）まで**
「日本で就職活動をするか」を決める（「日本で就職をするか」は就職活動をしながら決めてもよい）。
☐ **3月〜6月**
就職先を選ぶ基準を見いだしながら、応募企業を決めてエントリーシートを提出する。
☐ **8月下旬**
選考が順調に進んでいない場合は、まわりに相談しながら就職活動の取り組み方を見直す。

選　考

[説明会]
※第3章図2参照。

[応募先の選び方]
◎大手有名企業や留学生の採用実績がある企業の場合、競争率は非常に高いので要注意。
◎中堅・中小企業のなかの優良企業にも積極的に目を向ける。

[エントリー数]
◎大学受験の合格率よりも、就職活動での合格率は非常に低いので、10社程度のエントリーでは少ない。
◎まったく興味のない企業にエントリーする必要はないが、興味のもてる企業を前向きに探すように。

[エントリーシート]
◎日本語の正確よりも、「なにをどのように伝えるか」が重要。
◎かならず一度は第三者に見てもらい、内容を見直す。

[SPI3などのテスト]
◎日本語の問題文を理解することに時間がかかる留学生が多い。
◎慣れるためにも対策本である程度練習したうえで、解ける問題を確実に解くことを重視する。
◎対策をして受検しても志望度の高い企業に落ちてしまうことはあるが、落ち込みすぎずに、ほかの企業に目を向ける。

[グループディスカッション]
◎日本人学生の議論についていけず、苦手とする留学生が多い。
◎発言の量を気にするのではなく、チームで取り組む「能力」を示すように。
◎ほかのメンバーの意見を尊重しながら、自分の意見を述べられるように。安易に妥協したり、ほかのメンバーの意見を否定したりすることには要注意。

[面接]
◎日本語を正しく話すことや敬語・マナーに気を取られないように。
◎とくに重要なのは、相手と双方向の会話をすること。面接官の質問内容そのものではなく、質問の意図を汲み取り、それに応じて答えることに注力する。

図2　エントリーシートのセルフチェックリスト

✓		チェック項目	注意点
1．論理的に書く			
	a	企業の質問の意図（目的）を理解しているか？	まず，企業はその質問によって「なにを知りたいのか」を想像する。
	b	企業の質問に対し，直接的に考えているか？	例：「志望動機を教えてください」 →「〜ので志望しました」
	c	全体の論理がきちんとつながっているか？	「なぜなら，〜」，「〜なので…」など，文章を論理的につなげて構成する。
	d	経験談が自分の「アピールしたいこと」の証拠となっているか？	×「努力家」，「負けず嫌い」，「好奇心がある」 →事例やそうなった経緯を書く。
	e	経験から学んだことや今後活かしたいことも書いているか？	経験談だけでなく，〈So what〉も書く。
2．具体的に書く			
	a	経験談のプロセス（第3章第3節「自己PR──困難を乗り越えたことと学んだことを伝える」の項目で挙げた6点）を書いているか？	状況説明だけでなく，〈Why〉，〈How〉を書く。
	b	経験談では5W1Hを具体的に示しているか？	×「挑戦・改善・努力した」 →どのような挑戦・改善・努力をしたのかを書く。
	c	経験談に関する重要な数字を書いているか？	×「素晴らしい成績を収めました」 →○「50人中1位の成績を収めました」
3．簡潔に書く			
	a	経験談はもっとも有効なものだけを取り上げているか？	経験談は複数書くよりも，ひとつかふたつに絞り掘り下げて書く。
	b	主語と述語が明確になるよう，ひとつの文を短く書いているか？	一文が長くなる場合は，文をふたつに分けて接続詞でつなげる。箇条書きも用いる。
4．貢献意欲を示す			
	a	志望動機は自分のことと企業のことの両面から書いているか？そのマッチングポイントは整合性があるか？	×「成長したい」，「架け橋になりたい」など自分の希望だけ書く。 ×「貴社は〜」と，企業について理解したことだけを書く。
	b	企業側に自分を採用するメリットがあると伝わるように表現しているか？	仕事で自分の強みを活かせることが伝わるように書く。
5．適切な日本語で書く			
	a	文章は「です」「ます」調で書いているか？	応募書類は丁寧な表現を用いたほうがよい。
	b	企業のことを「貴社」と書いているか？	「御社」は話し言葉であるため，応募書類では「貴社」のほうが望ましい。
	c	応募書類として適切な表現を用いているか？	話し言葉や略語，俗語などの表現は使わない。
6．その他			
	a	空白の欄はないか？	すべての欄に記入する。書くことがないときは「とくにありません」と書く。
	b	字数制限を守っているか？字数制限に対し余りが多くないか？	1文字でも字数を越えてはいけない。字数制限の9割以上を埋める。

留学生にとっての第一関門は，エントリーシートの作成です。採用選考の本番は面接ですが，エントリーシートの選考に通過しなければ面接に進むことはできません。しかし，留学生は文法や語彙など日本語の正確さを気にしすぎてしまったり，締切に追われ1社ごとにじっくり考えないまま慌てて書いてしまったり，という失敗をしがちです。大手企業には数万名のエントリーシートが寄せられるため，競争は一段と厳しくなります。また，採用側が重視するのは，日本語の正確さよりも「こちらの質問の意図が理解できているか？自分の言いたいことがこちらに伝えられるか？」という点です。ほかの学生との違いを伝えるためにも，日本語の多少の誤りは気にせず，気持ちを込めてわかりやすく書くようにしましょう。また，かならず一度は第三者に見てもらい，客観的意見をもとに内容や書き方を見直してください。第三者に見てもらう時間がない場合は，図2のセルフチェックリストを活用するとよいでしょう。

求められる日本語力は？
　日本で就職を希望している留学生がもっとも不安に感じることのひとつは日本語力でしょう。企業や職種によって求められる日本語力のレベルはさまざまですが，ひとつの参考として財団法人企業活力研究所による調査結果（図3，次ページ）を紹介します。
　この結果から，「幅広いビジネス場面で日本語による適切なコミュニケーション能力がある【BJT J1】」を求める企業がもっとも多いことがわかります。BJTとは公益財団法人日本漢字能力検定協会がおこなっている「ビジネス日本語能力テスト」のことです。0〜800点までの点数に応じて「J1＋」〜「J5」の6段階のレベルで評価されますが，そのなかの「J1」のガイドラインは次のとおりです。

　◎幅広いビジネス会話が正確に理解できる。
　◎会議，商談，電話での応答などで相手の話すことがおおむね理解できる。
　◎対人関係に応じた言語表現の使い分けがある程度できる。
　◎日常的な社内文書やビジネス文書が正確に理解できる。

図3　留学生の採用時に求める日本語コミュニケーションレベル（規模別）

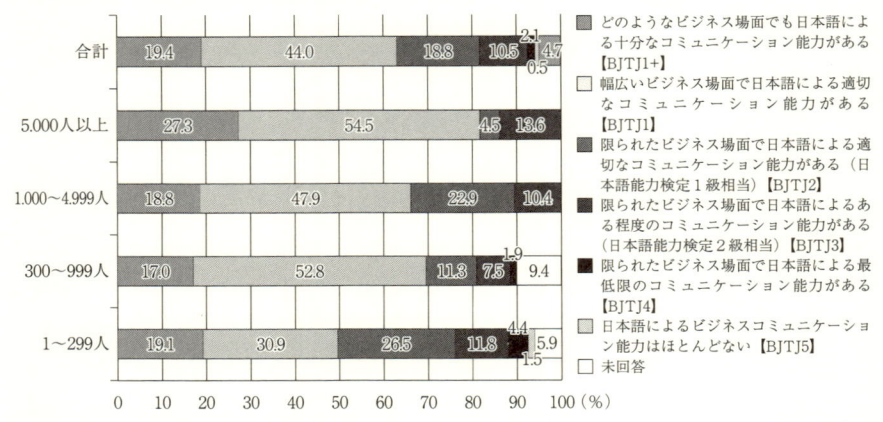

区分	BJTJ1+	BJTJ1	BJTJ2	BJTJ3	BJTJ4	BJTJ5	未回答
合計	19.4	44.0	18.8	10.5	2.1	4.7	0.5
5,000人以上	27.3	54.5		4.5		13.6	
1,000～4,999人	18.8	47.9	22.9			10.4	
300～999人	17.0	52.8	11.3	7.5	1.9	9.4	
1～299人	19.1	30.9	26.5	11.8	4.4	5.9	1.5

凡例：
- どのようなビジネス場面でも日本語による十分なコミュニケーション能力がある【BJTJ1+】
- 幅広いビジネス場面で日本語による適切なコミュニケーション能力がある【BJTJ1】
- 限られたビジネス場面で日本語による適切なコミュニケーション能力がある（日本語能力検定1級相当）【BJTJ2】
- 限られたビジネス場面で日本語によるある程度のコミュニケーション能力がある（日本語能力検定2級相当）【BJTJ3】
- 限られたビジネス場面で日本語による最低限のコミュニケーション能力がある【BJTJ4】
- 日本語によるビジネスコミュニケーション能力はほとんどない【BJTJ5】
- 未回答

出所：財団法人企業活力研究所『平成23年度　アジア人財資金構想プロジェクトサポートセンター事業「日本企業における高度外国人材の採用・活用に関する調査」報告書』, 29ページ。

　なお，TOEICに比べるとBJTは日本企業の採用活動にまだ浸透していないので，受験は必須ではありません。しかし，採用側が参考とする「日本語能力試験」では，就職活動を始める前にN1を取っておくとよいでしょう。

　また，採用側が日本語力を評価する際にもっとも重視しているのは，面接で「実際にどの程度会話ができるか」です。日本人の友人との日常会話だけでなく，教員やアルバイト先の上司，お客さまと丁寧な言葉遣いで会話する経験を積むようにしましょう。ビジネスパーソンとの会話力を高めるためには，インターンシップ参加やOB・OG訪問などを積極的におこなってください。大学のキャリアセンター／就職課の教職員と話すことも，同様の機会になるでしょう。

　ただし，採用選考では日本語力そのものだけでなく，ビジネス上の用語や慣習を理解する「能力」，わからなかったときにまわりの人に確認する「能力」，助けてくれる人を見つける「能力」など，コミュニケーションに関する幅広い「能力」が評価されます。そのため，このような幅広い意味でのコミュニケーションの「能力」をアピールすることを重視しましょう。

　図3からは，従業員数が多い企業ほど留学生に求める日本語力のレベルが高くなることもわかります。また，実際よりも日本語力が高いと誤解されたまま

就職してしまうと，仕事で非常に苦労するでしょう。そのようなことをふまえ，たんに大手企業をめざすよりも，実際の日本語力のレベルに合った企業を選ぶほうが自分のためになることを心に留めておいてください。

就職先が決まらないときは中小企業にも目を向けよう
　大手企業の場合，2016年3月卒業・修了者の応募（エントリーシート提出）締切は2015年4月から6月がピークになると予想されますが，それ以降も応募を受けつける企業はあります。焦りや不安が高まっても，あきらめず積極的に応募しましょう。それまでにエントリーしてきた業界や企業規模などにとらわれず，選択肢を柔軟に広げることが重要です。8月以降に応募可能な求人は，中堅・中小企業のものが増えていくので，大手企業以外に注目するようにしてください。また，図3のとおり，従業員数が少ない企業ほど求める日本語力のレベルは低くなります。
　しかし，日本で就職するからには大手企業にこだわりたいという留学生も少なからずいるでしょう。そのような人に留意してほしいのは「大手企業」と「中小企業」をどのように捉えているのかということです。ある留学生に尋ねた際，「従業員1万人以上が大手企業で，それ以外はすべて中小企業ですよね。まわりの留学生もそのようにいっています」と返答されました。また，金融機関を受けていた留学生には，「メガバンク（三菱東京UFJ銀行，みずほ銀行，三井住友銀行の3行）以外は中小企業」と返答されました。この2名が考えている「大手企業」とは，留学生にも非常に知名度の高い「超大手有名企業」です。つまり，一般的な「大手企業」の分類範囲は，本人たちが考えているよりももっと広いということです。
　一方，従業員数が多くなく学生の知名度も高くないとしても，世界に通用するような高い技術力をもつ優良企業は数多くあり，そのような企業がこれまでの日本の経済成長を下支えしてきたともいわれています。「超大手有名企業以外＝中小企業」，そして「中小企業＝経営が不安定」と安易に捉えないようにしてください。学生があまり知らないようなBtoB企業（個人向けではなく法人向けの製品・サービスを扱う企業）や大手企業のグループ企業（いわゆる「子会社」）も含め，前向きに興味をもって探すようにしましょう。

大手企業以外の応募先を探す方法としては，大学のキャリアセンター／就職課や公共施設が挙げられます。学生の多くは「リクナビ」や「マイナビ」などを利用していますが，そのような就職情報サイトでは検索する条件に左右されたり，大手企業や有名企業が目立ちやすかったりします。一方，大学のキャリアセンター／就職課には，就職情報サイトに掲載しないような企業からも求人が寄せられています。また，中小企業は無料の公共施設に求人を出すことが多いため，東京，名古屋，大阪にある外国人雇用サービスセンターや福岡学生職業センター（福岡新卒応援ハローワーク）などの公共施設で求人を探すとよいでしょう。留学生を対象とした就職支援サービスも増えています。大学のキャリアセンター／就職課や留学生センターなどで配布されている各種チラシのなかから利用しやすそうなサービスを選び，その運営会社が主催する合同会社説明会で求人を探したり，人材紹介会社に登録して企業との仲介をしてもらったりするのもよいでしょう。このようなさまざまな方法を同時に活用しながら，積極的に応募先を探していってください。

3 ｜ Questions & Suggestions────留学生の疑問に「応え」ます

　本節では，留学生が感じやすい疑問に対し，大切にしてほしい考え方や視点をお伝えします。ただし，いずれにも「正解」はありません。自分が抱く疑問や不安に対し，ここで提示するSuggestionsとともにさまざまな人の話を参考にしながら，自分なりの考え方や取り組み方を見つけていってください。

Question
　「留学生積極採用」を掲げる企業が増えているが，まだ採用実績がない企業だと，外国人が働きやすい環境が整っていないのでは？

Suggestion
◆採用実績よりも海外展開の実態を重視しよう
　一部の大手企業では，外国人に対応したキャリアパスを用意したり，世界統

一の人事制度を導入したりしているところもあります。日本企業の留学生積極採用の動きはここ数年で急速に進んでいるものの，実際には，これから初めて留学生が入社する企業や，入社後の環境・態勢の整備をしている企業のほうが多いでしょう。そのような企業で働くことに不安に感じることから，留学生の応募は採用実績のある企業に集中する傾向にあります。そうなると当然，競争は厳しくなります。一方，採用実績があるとしても，外国人従業員の比率は高くない企業が多いので，配属される職場では自分が最初の外国人従業員となるかもしれません。そのため，重視すべき点は採用実績よりも，「その企業がどのくらい海外向けのビジネスを展開しているのか？」，つまり「外国人の活躍の可能性がどのくらいあるのか？」です。この点をしっかり調べるようにしましょう。

◆「パイオニアになる」という意志をもつことができるか

　日本企業が急速に「グローバル展開」を進めていくうえで，留学生の皆さんは貴重な人材と捉えられています。留学という大きな決断をし，言語や文化などの壁に立ち向かってきた皆さんには，そのような日本企業のニーズに応えられるだけの基礎的な「能力」が備わっているはずです。

　また，留学生の採用実績の有無ばかりにとらわれず，さまざまな企業・組織を見て回りながら，「事業展開や商品・サービスに興味・関心をもてるか？魅力を感じるか？」ということを大切にして，志望先を探してください。自分なりに魅力を感じることができれば，「そこで働く外国人のパイオニアとしてチャレンジしたい」という意志が芽生えるかもしれません。

Question

　いつか母国に帰りたいが，「日本でどのくらい働こうと思っているのか」と質問されたらどのように答えたらいい？

Suggestion

◆できるだけ長く働きたいという気持ちを大切にしよう

　「いつか母国に帰りたい」としても，具体的に何年後に帰るのかを決めている人は多くないはずです。また，実際に働いていくなかで，日本で働き続けた

いと思うようになることもあるでしょう。そのような可能性を前向きに捉えたうえで、「できるだけ長く働きたい」と伝えるとよいのではないでしょうか。

◆「家族は帰ってきてほしいのでは？」と聞かれても前向きに返答しよう

　中国出身者の場合、「ひとりっこだから、帰ってきてくれないと家族はさびしいのではないですか？」と聞かれることもあるようです。このような質問をされると、「採用する気がないのでは？」と感じるかもしれません。しかし、面接官の意図を否定的なものだと捉えないようにしましょう。面接官が見ているのは、「短期間で辞めてしまうリスクはあるか」という点だからです。

　先輩たちは、「家族は自分が海外で活躍することを応援してくれています。だからこそ、日本への留学も支援してくれました」、「中国で働くとしてもきっと北京か上海になります。私の実家からの所要時間は、北京も上海も東京もあまり変わりません。外国ではありますが、日本は近いから大丈夫です」などと答えたようです。

4　日本で就職するにあたって

日本企業のグローバル展開の鍵を握っている

　ここまでを一読すると、「留学生も日本人学生と同じ基準で評価されるなら、日本人と同じようにふるまうことが重要なのでは」と感じた人もいるかもしれません。しかし、本書で述べたいのは「日本で働きたいなら、日本人に同化せよ」ということではありません。なぜなら、日本企業がグローバル競争で勝ち残るには、諸外国に比べて立ち遅れている「ダイバーシティ・マネジメント」や「ワークライフバランス」のための取り組みは避けて通れない重大な課題だからです。日本人従業員が受容してきたような働き方を今後も要求し続ければ、外国人従業員を有効活用することはできないでしょう。ゆえに、日本企業のグローバル展開の成否は、外国人従業員となる皆さんにかかっているのです。

　一方、ここ数年で日本企業に就職する留学生は増加しているものの、その多くは入社1〜2年程度で辞めているという話を聞くことがあるのではないでし

ょうか。参考として，株式会社ディスコキャリアリサーチが全国の企業8478社を対象におこなった，外国人従業員（日本留学後に就職した外国人，または海外在住の外国人）の採用・定着に関するインターネット調査結果を紹介します（調査期間は2013年8月29日から9月10日，回答数は539社）。この調査によると，新卒・中途採用を含めた外国人従業員の入社3年以内の定着率について，「日本人社員と比べて低い」と回答した企業は18.3％にすぎず，約7割の企業は「日本人社員と変わらない」，11.4％の企業は「日本人社員と比べて高い」と回答しました。外国人従業員と日本人従業員の定着率に差はないのが実態なのかもしれません。

　しかし，新卒として就職した企業に3年以上勤めている元外国人留学生の話を聞くと，良くも悪くも「日本の企業文化に適応している」と感じることがあります。入社当初は日本の企業文化に違和感をもつことがあっても，「そういうものだから」と受容していくような様子がうかがえるのです。この点に関して，リクルートワークス研究所の徳永英子は「卒業生が「日本人と同化することがコツ」とアドバイスしている様子から，現場としては，外国人ならではの価値観や感性以外として，同化することを求めている場合もあることを示している」と指摘しています（「外国人留学生の就職・採用に関する研究」）。つまり，経営者や採用担当者は「外国人としての強みを発揮してほしい」という期待をもって採用しているものの，配属先の上司は外国人をどのように活用したらよいのかに戸惑い，結果として日本人に対するものと同じマネジメントをおこなってしまうのでしょう。

　このことに表れているように，現在，日本企業は外国人従業員の活用において過渡期にあります。そのため，外国人従業員として日本企業に就職すると，「入社前に採用担当者から聞いていた話と違う」と感じることも多々あるでしょう。しかし，自分なりに日本で働くことへの魅力を感じるのであれば，本章第3節で述べたように「パイオニアになる」という意志をもって臨んでください。そして，日本の企業文化を理解して「よい」と感じるものは尊重しつつも，それに染まらないでほしいと願っています。

自分のためにも入社3年間は1社で働いてみよう

　それでも，「日本の企業文化や働き方は自分に合わない」などと感じ，入社3年以内に離職を考えたくなることもあるでしょう。そのように悩んだときのために，次のふたつを注意点として挙げておきます。

　ひとつめは，日本の転職市場では「新卒3年以上の正社員経験」が最低条件ということです。日本の転職市場では，新卒で3年から5年程度の正社員経験がある人を対象に「第二新卒」と称して，職務経験よりも「ポテンシャル」を重視した採用がおこなわれることがあります。日本企業は声高に「即戦力」と叫んでいますが，「第二新卒」という採用方法に象徴されるように，「「ポテンシャル」採用した新入社員の育成期間は3年」という考えを根強くもっているのです。そのため，3年の育成期間を終えていない人はビジネスパーソンとして「一人前」ではないと見なされます。また，1社で3年以上勤められない人は「ひとつの企業で勤め続けられるような忍耐力や適応力がない」といった判断もされてしまいます。このように，就職して3年以内に辞めてしまうと，転職活動で苦労する可能性が高いことを認識しておいてください。

　ふたつめは，自分にとっても最初の3年はビジネスパーソンとしての基礎を固めるための大切な時期だということです。前述したように，日本企業は「新入社員の育成期間は3年」と捉えてじっくり育成します。だからこそ，任された仕事をまず3年間やり遂げてみると，基礎的な力が身につくとともに，企業や事業の全体像が見えるようになったり社内外の人脈が築かれていったりするはずです。また，3年間の働きぶりが認められ，新たな仕事を任されるといったチャンスも生まれるかもしれません。外国人従業員に限らず新入社員のほとんどが入社後にギャップを感じますし，どのような企業や仕事にもプラス面とマイナス面があります。そのマイナス面を課題として上司に提起したり，視点を転換して柔軟に受け止めたりすることも，ビジネスパーソンとしてキャリアを築いていくための大切な力です。自分自身のためにも最初の3年はひとつの企業で働き続けることで，その後のキャリアを切り拓いていってください。

III

「伝えるスキル」の養成

1 インプットからアウトプットへ

　一橋大学の院生向けキャリア支援プログラムでは，半期15回の授業科目や通年のコースという形式で，調査や成果発信に関するスキル教育も提供してきました。これは本書の第Ⅰ部と第Ⅱ部どちらか一方のキャリアに特化したものではなく，その受講者には，研究・教育職志望者も企業等への就職志望者も含まれています。キャリア支援プログラムにおけるこの領域は，就職面接や研究計画書作成といった当面の課題への支援ではなく，中・長期的な視点からのキャリア支援という性格をもっています。また，これは教育活動であるため一定期間の継続的な参加が要求され，くわえて成績評価もされますから，専門科目の学修や論文の執筆等で多忙な院生にとっては敷居が高いものといえます。しかし，とくに英語による成果発信スキルを学修する科目のニーズは例年高く，積極的な参加が見られます。

　第Ⅲ部では，この英語による成果発信力強化の授業と，学部教育で講義科目を担当できる力の育成をめざしたプログラムとに焦点を当て（後者は研究・教育職志望者が対象です），キャリア形成を支えるスキルの養成という側面から一橋大学の取り組みを紹介します。いうまでもなく，学術研究型大学院の学生は修士課程の期間および博士課程の期間に，それぞれの専門分野で自分の研究を完成させなければなりません。その過程ではまず徹底的なインプットが必要になります。つまり，理論的な文献の精読，量的な調査，史資料の渉猟，参与観察，インタビューなどをとおして，対象からなにごとかを学び取る作業に没頭することが不可欠です。しかしこの局面だけでは大学院生の「仕事」は完結せず，院生は，徹底したインプットを経たうえでの活発なアウトプット，つまり研究成果の発表をしなければならないのです。修士論文や博士論文といった学位論文，紀要や学術誌への投稿論文，学内や学外または国内や海外での口頭発表，大学教育や社会的・地域的活動の場，あるいは「一般向け」の書物。大学院での研究をとおして院生が成し遂げるべき「仕事」とは，対象から学び取り

考察した成果を，こうした場面や媒体で他者に伝えていくことにほかなりません。

したがって，このように研究成果を発信する場面や，あるいは博士課程修了後にめざす大学教員職においては，優れた研究業績を上げる能力とは別に，「伝えるスキル」が大切になります。修士課程修了後に就職する場合でも，博士課程をへて大学教員をめざす場合でも，専門的な研究の深化と並行してそれをうまく伝えていく技法を身につけることは，キャリアを切り拓いていく際の重要な要素といえます。本書で示すものは一橋大学の事例ですが，スキル養成プログラムの手薄な大学院に在籍する院生や，これから大学院進学を考えている学部学生の皆さんには，利用できる素材を自分の周囲で探し，「伝えるスキル」の洗練に意識的に取り組んでほしいと思います。一方で，一橋大学とも共通する悩みを抱える大学院の教育関係者や，あるいは教員採用に関係する大学教職員の方には，院生支援や「若手」教員採用の際に，以下の各節を参考にしてもらいたいと考えています。

2　「伝えるスキル」を学ぶ

学術研究型大学院とスキル教育

　ある学会で筆者は次のような口頭発表を見たことがあります。正面のスクリーンにはきれいな写真を上手に組み合わせたパワーポイントの画像が映し出されているのですが，肝心の発表者は教壇の隅に座ったまま目の前の PC 画面を見つめ，抑揚のない声で研究内容を「つぶやいている」，というものです。それはとても「おもしろそう」な研究だったのですが，残念ながらその発表では「おもしろさ」が生き生きと伝わらず，もったいないと思ったことが強く印象に残っています。

　これまでの大学院教育では一般に，研究成果を「伝えるスキル」に関する体系的な教育はなされておらず，したがってこのような口頭発表も，その意味では「不思議」ではありません。もちろん人文・社会科学系の大学院でも，特定の分野における学修や調査に必要なスキルを修得する授業科目は，従来から整

備されてきました。たとえば，歴史学なら古文書を「読む」能力をまず得なければならず，史料講読としてその教育がおこなわれています。

　ところが，どのような学問分野でも必要となるはずのアウトプットの力，たとえば論文の書き方や口頭発表の手法などについては，演習形式の授業をとおして「自然」に学ばれていくものとされてきました。もちろん，論文の執筆や口頭発表の方法を丁寧に指導する教員もいるのですが，それ自体を授業科目としてカリキュラムに組み込むことは，現時点でも一般的とはいえません。語学についても，洋書の輪読をとおして読解力が鍛えられることが前提になっているのみで，近年までは，英語でのコミュニケーション力や書く力の訓練も大学院教育には取り入れられてきませんでした。人類学などのフィールドワークで必要とされるさまざまな言語に関しても，カリキュラム化された学修は想定されておらず，自力で学んでいくケースが普通です。そもそも，大学院生が研究者予備軍として捉えられてきた従来の日本の大学院では，スキルに限らず，院生はなにごとも独力で学んでいくものだという認識が一般的でした（です）。大学は知を新たに創造していく研究機関だとする「研究大学」の理念をふまえていうと，「研究者の卵」である学生は，「自ら研究計画を立案し，自力でそれを実行する，自主的で主体的な存在」とされていた（されている）わけです（出口康夫「ドキュメント・プレFD」，田口真奈ほか編著『未来の大学教員を育てる』，11〜12ページ）。

　しかし，1990年代の「大学院重点化」政策による大学院生の倍増（2000年の大学院生数は1961年の13倍，1991年の2.08倍）をへて大学院が大衆化した現在，院生を「研究者の卵」としてのみ捉える見方の妥当性は揺らいでいます。高度専門職業人の養成も大学院の役割とされていった1990〜2000年代にかけて，「実学」以外の分野の目立つ人文・社会科学系大学院でも改革が求められ，大学院生の進学理由も多様化し始めていったのです（有本章・山本章一編著『大学改革の現在』，江原武一・馬越徹編著『大学院の改革』）。研究者（その予備軍である大学院生を含めて）は「個人の創意と自己研鑽によって活動の場を得ていくべきだ」といった従来の考え方（小林信一「大学院重点化の功罪」，前掲『大学院の改革』，70ページ）は，院生の質的・量的な現実と合致しないものになってきたといえます。一橋大学大学院のキャリア支援プログラムでスキル教育がその一

翼を担うようになったことも，人文・社会科学系大学院をめぐるこうした変化を背景としたものでした。

　その一方で，学術研究型大学院では「研究者の卵」という院生の自己認識も濃厚に残っており，スキル教育科目は諸手を挙げて迎え入れられるわけではありません。現地調査，資料収集，投稿論文や博士論文の執筆，生活資金や学費捻出のための労働に追われる博士課程の院生にとっては，安易な効用性をちらつかせるかのように見えるスキル教育は，どこか「いらだたしい」ものに映るときすらあるでしょう。

　一橋大学キャリア支援室大学院部門で実施したあるアンケート調査では，大学での教育技法のコースに関連して，「教育は小手先でどうにかなる行為ではないと思う。〔中略〕プロジェクトはあまりに「ハウツー」に特化したものが多いように思う」〔強調は引用者〕という回答もありました。手先の技術とは直接の関係がない人文・社会科学系の大学教育に関するスキルが，ここでは，「小手先」という言葉を用いて批判的に捉えられているわけです。こうした比喩の使用から，大学院におけるスキル教育に対する違和感の背後に，知や能力をめぐる階層構造が隠れていることも指摘できるかもしれません。大学院で学修し創造すべき知と「手段」として必要とされるスキルとの間の，あるいは学術的「知」と技術的「知」との間の階層構造が，大学関係者や大学院生に内面化されているのだといえましょう。

うまく伝えるために

　このように人文・社会科学系の学術研究型大学院においては，大学院教育とスキル教育との間に一定の緊張関係があることを否定することはできません。しかし少なくとも「伝えるスキル」に関しては，その緊張が強まって断絶してしまうような事態は避けたほうが賢明です。本書では第Ⅰ部と第Ⅱ部をとおして，「研究と就職」を切り離さずにキャリアを切り拓くためのポイントを述べてきました。それをふまえて第Ⅲ部では，政策的観点からスキル教育や大学院改革の必要性を説くのではなく，研究の延長線上で求められる能力として，「伝えるスキル」に焦点を当てたいと思います。

　どのような分野であれ研究という営為は，「わたし」に学びを与えてくれる

対象——人間，社会，文化，史料，理論など——があり，また，学び取ったものを伝える他者がいて，ようやく完成されたかたちを得られます。情けない伝え方をしてしまっては学びを与えてくれた対象が泣いてしまいかねず，そうした失態を演じないためにも，学びを与えてくれた対象とそれを伝える他者との回路をきれいに結ぶことが必要になるのです。以下では，研究そのものと相関させた「伝えるスキル」の向上を図る一橋大学での取り組みとして，まず英語での成果発信力を高めるプログラムについて，次に大学で講義をするための技法を磨くコースについて紹介します。

3　英語による成果発信

院生向け英語スキル教育の背景

社会学者の石井クンツ昌子は，社会科学系英語研究論文の執筆から投稿までのスキルを解説した本のなかで，次のように述べています。

> 日本の研究者たちはこれまで多くの英語文献を読み，理解し，引用するといった「受身的」なグローバル化は十分にしてきたと思う。しかし今，日本の研究者に求められているのは海外で研究を発表することや，英語圏の学術誌へ投稿するなどといったような「積極的」なアプローチではないだろうか。［中略］
>
> 日本語で書かれた優秀な社会科学系の研究論文は多くあるが，今後は自分の研究を英語で執筆し，発表していくことで日本における研究をもっとアピールしていくことが重要ではないだろうか。（石井クンツ昌子『社会科学系のための英語研究論文の書き方』，ⅱページ）

このような「まえがき」で始まる石井の著書の出版は2010年ですが，英語研究論文執筆をテーマにした大学院生向けワークショップで彼女が初めて講師を務めたのは，2003年のことでした（同，ⅰページ）。一方，一橋大学大学院社会学研究科で英語コミュニケーション科目が開始されたのは2006年，それが全学

的な院生向けキャリア支援プログラムに組み込まれたのが2011年です。石井によるテキストの出版と一橋大学大学院の英語スキル科目開講とのこうした同時代性は，人文・社会科学分野における英語での成果発信の重要性がこの時期にいっそう強く認識され始めたことを，明瞭に示しています。

　石井の著作と同様に一橋大学の取り組みも，日本の大学院教育では院生の英語読解力が前提視されていただけで，学術的な内容を英語で伝えあい，発信する訓練は欠けていたという認識から出発しました。2000年に一橋大学大学院社会学研究科修士課程に入学した筆者の場合も，院生向け英語科目のなかった当時，英語力向上のためには学部の英語科目を聴講したり，言語交換パートナーを探して定期的に面談したりと，試行錯誤しながら独力で学んでいくほかありませんでした。英語コミュニケーション力向上の「自助努力」というこの問題に関しては，少し時代をさかのぼり，2013年3月に亡くなった文化人類学者，山口昌男の回想を覗いてみると，近年との違いが強烈に表れていておもしろいと思います。

　　一九六六年ごろ，僕が三十歳くらいのときに，ナイジェリアはイバダン大学に講師として教えに行った。［中略］初めて外国に行くんだからね，ほとんど英語なんかしゃべれないわけですよ。教えに行く前，日本は遠いということで大学側は事前の面接をせずに手紙だけで採用を決めたわけです。行ってみたらこの先生は英語が全くしゃべれないと知って，向こうの大学はびっくり仰天。あるイギリス人の先生などは，毎週，心配だから教室の外から君の講義を聞いていたけど，ものすごいブロークン・ジャパニーズ・イングリッシュで初めは何を言ってるんだかわからなかった。そのうちにノイローゼとなって帰国するかと思ってたけどそうもならず，相変わらずバンカラ声を張り上げてだんだん内容もわかるようになってきたと言っていた。

　　学生も実際，僕が授業をやっていて，こちらのしゃべる英語はほとんどわからない。学生が質問してくる英語も初めのうちはわからない。［中略］黒板に漫画を描いたり，身振り手振りを交えて怒鳴りあったり，お互い手さぐりの状態だった。（『学問の春』，64ページ）

この引用に見られるように，1966年ごろに山口昌男は，ナイジェリアで「英語プレゼン」をいきなり「実地研修」したわけです。一方，それから約半世紀を隔てた2011年に一橋大学大学院で開始した「大学院生対象英語研修プログラム Academic English for Advanced Graduate Study」は，院生の「自助努力」に任せず，汎用性の高い英語教育を研究科の壁を越えて供給するものでした。

　もちろん，グローバル化と結びついた英語帝国主義的な現状が望ましい世界のあり方とはいえず，本書の「はじめに」を執筆した落合一泰も，別のところでは次のように述べています。すなわち，西洋に端を発する人文・社会科学を日本で学ぶ私たちにとってはむしろ，「「非西洋圏にある近代社会」日本の言語でグローバルな課題を考え抜くことに，同じような歴史的運命をたどってきた世界の多くの人々と対話する糸口がある」とも考えられ，「英語だけで学問を作るのではもったいないのです」（「脱西洋中心主義的なグローバル研究はあり得るか？」）。しかしそれと同時に，みずからの研究について英語で臆せず発表するスキルは，博士課程を経て研究者としてキャリアを切り拓く際にも，あるいは修士課程修了後に民間企業等で働きながらキャリアを切り拓いていく場合にも，有効な「力」になることはいうまでもありません。一橋大学の大学院生対象英語研修プログラムは，修士・博士双方の大学院生を対象として，英語による議論，口頭発表，論文執筆ができるようなコミュニケーション力や文章表現力を段階的に養成することを，その目的として始まりました。

大学院生対象英語研修プログラムの構成

　一橋大学の院生向け英語研修プログラムでは，2単位の科目8コマ（年間）を，ブリティッシュ・カウンシル（英国の公的な国際文化交流機関）の協力をうけて提供しています。コースの全体像は一橋大学の担当教員とブリティッシュ・カウンシルとで協議して設計し，それをふまえ，ブリティッシュ・カウンシルの方法と講師（英語ネイティブの専門資格所持者）によって実際の授業は進められます。効果的な学修環境を確保するため原則的には8～12人という少人数制を維持し，① Discussion & Presentation（国際学会や留学先等で必要となる研究発表・応答・討議の技能を磨く），② Academic Writing（留学の申請書類や学術論文などの文章表現能力を養成する）という2種類の科目を，表1のように3段階

表1　コース構成

コース名	英語力の目安
Discussion and Presentation 1	中級
Discussion and Presentation 2	中級上
Discussion and Presentation 3	上級
Academic Writing 1	中級
Academic Writing 2	中級上
Academic Writing 3	上級

表2　履修パターン例

	1年目		2年目	
	夏学期	冬学期	夏学期	冬学期
Aさん（DPで3段階を履修） ※DPとAW，いずれも1と2を夏学期と冬学期の同じ時限に設定することで，継続履修の利便性を図る	DP1	DP2	DP3	
Bさん（AWで2段階を履修）		AW1		AW2
Cさん（同じレベルで異なる科目を履修）	DP3		AW3	
Dさん（DPで2段階を履修）		DP1	DP3	
Eさん（AWで2段階を履修）		AW2	AW3	
Fさん（同じレベルで異なる科目を履修） ※DPとAW，いずれも1（中級クラス）は夏学期と冬学期どちらも開講することで，新規学修者の利便性を図る	DP1	AW1		

注：DP = Discussion & Presentation，AW = Academic Writing

で構成しています。

　このような3段階構成は2012年度からのものですが，当初の2段階編成ではとくに上級クラスで受講者間の英語力格差が大きかったため，レベルギャップを軽減する意図で変更を加えました。3段階構成の特徴は次のようにまとめられます。

　◎通年かつ段階的なステップアップ：Discussion & Presentation と Academic Writing，いずれも「1」と「2」の通年履修を想定（一方だけの履修も可

能)。「2」は「1」履修者のステップアップのためという性格が強く，またレベルを3段階に設定することで，1年半をかけた段階的レベルアップが可能（表2）。

◎個人指導に重点をおいたコースの開設：上級コースの「3」は個人指導に重点をおく（受講者7～8名）。海外の学術誌への投稿や学会発表，留学準備など具体的なニーズのある受講者を想定し，1学期を通じてひとつの論文やエッセイ，プレゼンテーションを完成させることをめざす。

英語スキル教育による「学び」

　この英語研修プログラムのひとつの特徴は，少人数授業の質を維持するため，受講希望者は申込と選考をへたうえで受講しなければならない，という点にあります。申込の際には，(1)志望動機を自分の研究テーマと関連づけて英語で書くこと（A4用紙の半分程度），(2)該当科目の活用目的を英語で具体的に書くこと（A4用紙の4分の1程度），が要求されます。

　大学院の通常の授業ではこうしたプロセスを経ずに開講科目を受講できますので，申込と選考が必要なこの科目は，それ以外の授業とは異なる負担を学生に強います。しかし，その一方で申込書の作成は，研究・教育職志望の院生には助成金や奨学金獲得のトレーニングにもなります。とくに修士課程の段階でこの種の書類を作成しておく経験は，博士課程以降で必要となる各種の申請の際に有効に働くことと思われます。また，申込書では研究テーマと関連づけて志望動機を書きますが，修士課程修了後に就職を希望する院生の場合でも，特定の課題に沿って志望動機を書く作業は，就職後のさまざまな書類作成に活かすこともできるでしょう。たとえ本心では「就職後に必要だろう」くらいの気持ちでこの科目を希望したとしても，申込書では研究テーマと関連づけて書かなければならないわけです。このようないわば「強引な」根拠づけの作業も，自分の知的関心や研究テーマを相対化する契機になりえましょう。

　そうして提出された申込書は，志望動機と活用目的の整合性，目的の切実度を考慮して選考します。不合格となる申込書のなかには，わずか1～2行しか書いていないものや，研究テーマとの関連性がないものなど，課題にまったく応答できていないものも見受けられます。しかし年度を追うごとに申込書の完

成度は高くなっており，「問題外」のものは明らかに減少してきました。この変化は，「志望動機や活用目的を具体的かつ説得的に書く」文化が，院生の間で少しずつ根を下ろしてきたことを示しているのかもしれません。

　このようなプロセスを経て受講される英語研修プログラムは，研究発表に必要な英語運用能力の向上をねらっていますが，修士課程修了後に就職を志向する院生も活用しています。とくに Discussion & Presentation は研究・教育職以外の進路希望者が半数以上を占める学期もあり，Academic Writing でも，修士課程後の就職希望者は一定数います。本書全体でくり返してきたように，研究活動と就職活動は相反するものではなく，相乗効果をもちうるわけです。研究発表を主眼においた英語コミュニケーション科目もそれだけに役立つのではなく，修了後の職業人生に結びつけることができるものです。

　また，一般的に人文・社会科学系の博士課程院生は各自の研究に専念し，ゼミ以外の授業への出席はあまり必要とされません。しかし，この英語研修プログラムでは受講者の3割前後を博士課程院生が占め，さらに，その3割程度が3年目以上の博士課程院生という結果になっています。ここに，海外で研究成果を発信するためのスキルの養成を，院生たちがそれぞれの研究プロセスに組み込みつつある傾向も読み取れるのではないでしょうか。理論研究，史料調査，統計解析，参与観察，インタビューなど，さまざまな領域での研究そのものを深めながら，それを広く上手に伝えるスキルを学ぶこと，つまり，表現する内容の深化と表現するための技法の洗練とを組み合わせた研究スタイルの確立は，アカデミック・キャリアをより多元的に切り拓くことにつながっていくと思われます。大学院生対象英語研修プログラムは，院生がそうした研究スタイルをつくりだしていけるように支援するものともいえます。

　ところで，このプログラムに参加した院生は具体的になにを学び，それをどのように自分のキャリアに活用したのでしょうか。本節を結ぶにあたり，毎学期末に実施する各科目の授業アンケートと，2013年2月に実施した成果発信に関するアンケート（2011〜2012年度の全受講者を対象，回収率36.8％，114名中42名）の集計結果をふまえ，この点についてまとめてみましょう。

　大学院生対象英語研修プログラムの授業評価は概して高く，たとえば2011年度冬学期の5科目を総合すると，5段階評価の満足度は上位2段階が92％，

2012年度夏学期の4科目では96％で，2年半の全アンケート回答者（179名）のうち，「あまり満足していない」を選択した院生はわずか2名（「満足していない」は0名）となっています。回答した院生が授業をとおして学んだものは，次の4点に大別できます。

◎英語で発表したり書いたりすることへの抵抗感の軽減。積極的に話し書く心構え。
◎口頭発表や論文執筆にすぐ活用できる，実用的な語彙やフレーズ。
◎プレゼンテーションの構成法や論文における段落の組み立て方。
◎海外での発表における時間配分や質問への対処法，マナー。

　以上4点にまとめられる学びをとおして，受講した院生の一部は，海外での研究発表や英語論文の執筆・投稿を積極的におこなってきました。なかにはそうした経験を評価されて，「英語で学ぶ○○学」を担当する大学非常勤講師の職を得た院生もいます。また，ある院生はこの授業での学びをふまえて，英語論文の著者に質問や感想をEメールで送ることができました。海外での学会発表や論文執筆，あるいは，「英語で教える」非常勤教員職の獲得といった「大きな」成果が見られる一方，著者とのコミュニケーションの発生というこの「小さな」成果も見逃すことはできません。こうした一見すると「些細な」発信の蓄積も，より充実した研究成果やキャリアの開拓につながっていくはずです。

　現在またはこれから院生生活を送る皆さんには，「大きな」成果のプレッシャーのみに圧されず，「小さな」成果が気づかないうちに連なっていく水脈の潜在を信じながら，研究そのものと並行して，「伝えるスキル」の洗練にも取り組んでほしいと強く思います。

4 │ 「大学で教える」ための準備

大学教員準備プログラムの始まり

「伝えるスキル」は，口頭発表や論文執筆など研究面で必要となるだけでなく，博士課程院生にとっては，どこかの大学で授業をする際に，研究能力とはまた別の側面において重要になります。つまり，大学教員として，なんらかの学問的な内容を学部学生に「伝えるスキル」が必要になるのです。しかし日本の大学院教育では，博士課程院生の将来的な職業，すなわち「学部学生に教える」ことに関する教育も従来はおこなわれてきませんでした。大多数の博士課程院生はこれまで，「教育者としての経験を十分に積むことなく（専任であれ非常勤であれ）［いきなり］大学の教壇に立たされ［中略］，その教壇は，多くの場合，「自らが教わった仕方」が通用しない（彼らにとっての）「魔界」の地」（出口康夫「ドキュメント・プレFD」，46ページ）だったわけです。そして，大学進学率が50％を超えユニバーサル化した現在，大学間や大学内における学力と学習意欲の格差は激しく，大学教員となった「勉強熱心」な若手研究者（院生含む）にとって，少なくとも彼／彼女ほどには「勉強熱心」ではない多くの大学生にいかに教えるかという問題は，ひとつの大きな課題になっています（田口真奈・松下佳代「プレFDとは何か」，前掲『未来の大学教員を育てる』）。

2008年の文部科学省・中央教育審議会答申でも，「学士課程教育における方針の明確化」が提言され，学生が本気で学び，社会で通用する力を身につけられるように教育方法の改善が要請されています。もちろん人文学を専攻する研究者にとっては，「社会で通用する力」の教育は易しい問題ではありませんが，いずれにせよ，学生を「本気で学びたい」状態へと誘い出せるだけの教育力が，大学教員とその志望者にはますます求められてきているのです。教員公募でも，授業シラバスの作成を応募書類に含める大学，面接で模擬授業を課す大学が一般化しています。筆者が学部学生だった1990年代半ばから後半にかけては，シラバスといっても2〜3行程度のものは珍しくなく，教壇の前でただ「ボソボソ」と講義し続ける著名な先生もまだいました。しかし，そうした簡易すぎる「シラバス」しか書かず，学生の様子を考慮しないまま講義をする研

究者は，現在では大学教員として職を得るのが難しい状況になっています。

このような日本社会における大学の位置づけの変容を背景として，一方で深刻化する「ポスドク問題」すなわち博士課程院生の就職支援という実際的要請も組み合わさり，日本でも，おもに2000年代から「大学教員準備プログラム」（Preparing Future Faculty Program）が開始されました。これを実施している大学は，北海道大学，東北大学，筑波大学，東京大学，名古屋大学，京都大学，立命館大学，広島大学などで，プログラムにおける重点のおき方（理論か実践か，など）は大学によって相違があります。

近年では，こうした諸大学での活動の成果をふまえた書籍も出版され始めています。たとえば，名古屋大学のプログラムから生まれた『大学教員準備講座』（夏目達也ほか著，2010年）は，授業設計や教授法に加え，大学教員論，大学の管理・運営，社会貢献，教育・研究の倫理など，社会における大学の使命と大学教員の多様な業務の実際に関する解説を網羅した，院生と若手教員向けの「大学教員職」テキストといえます。また，京都大学文学研究科と高等教育研究開発推進センターの協働事業を紹介した『未来の大学教員を育てる』（田口真奈ほか編著，2013年）は，増え続けるオーバードクター支援のために始まったプログラムの詳細がスタッフや参加者によって語られ，臨場感のあるドキュメントになっています。以下で紹介する一橋大学のティーチングフェロー・トレーニング・コース（以下，TFコース）も，こうした大学教員準備プログラムの流れに位置づけられます。

ティーチングフェロー・トレーニング・コースの概要

一橋大学の大学教員準備プログラム，TFコースは，大学で講義をするための技能の修得を目的として，2006年度に社会学研究科で始まりました。2011年度からは同研究科とキャリア支援室大学院部門との連携で運営し，現在のところ，コースの参加資格者は社会学研究科の博士後期課程在籍者または休学者で，希望があれば修了者も参加できる，というかたちをとっています。また，社会学研究科以外の研究科に所属する院生が希望する場合もひとまず参加を受け入れ，スムーズに参加できるように検討をしながら運営しています。

TFコースは，「申込→ガイダンス→講習会A（事前講習）→〈授業観察⇔授

図1　TFコースの流れ（2013年度から参加するケース）

```
         １年間で修了する場合 →

┌─────────────────────────────────────┐
│ 講習会A（2013年７月）                │
│　→授業観察～授業実習（冬学期）      │
│　　　→講習会B（2014年１月）         │
│　　　　　→ディプロマ(修了証書)授与  │
│　　　　　　（2014年３月）            │
└─────────────────────────────────────┘

         複数年をかけて修了する場合 →

┌──────────────────────────────────────────────────────────┐
│ 講習会A（2013年７月）                                    │
│　→授業観察～授業実習（2013年度の冬学期または2014年度以降の通年）│
│　　　→講習会B（2014年度以降の１月または２月）           │
│　　　　　→ディプロマ授与（2014年度以降の３月）          │
└──────────────────────────────────────────────────────────┘
```

業実習）→講習会B（事後講習）」という順序で構成されています。参加者がこの全日程を終え，大学での教育技能に関するしかるべき知識を獲得し経験を積んだと判定された場合には，社会学研究科長名でディプロマ（修了証書）が発行されます（2006～2013年度のディプロマ取得者は計57名）。この流れは１年間を１サイクルとしていますが，現地調査や留学，博士論文執筆，アルバイトなどで多忙な博士課程院生の事情を考慮し，複数年度にわたる参加を認めて柔軟性をもたせています。したがってTFコースの参加パターンは，１年間で修了する場合と複数年にかけて参加する場合とで，図１のように異なります。

シラバスと指導案をつくる

　TFコースはこれまで微修正を加えながら運営してきましたが，2013年現在を例に，コースの各段階について説明していきましょう。
　まず新学期が始まる４月に新規参加者を募集し，前年度までの参加者（未修了者）の継続意思を確認します。ついで５月頃のガイダンスで参加者とスタッフが顔を合わせ，コースの位置づけや内容，スケジュール，質問事項を共有します。その次に本格的な内容に入っていきます。すなわち，新規参加者（2013年度は11名）を対象とした半日の集中講義「講習会A」を７月末に開催し，全

15回の講義計画や個々の授業の設計について学びます。

　講習会Aでは，事前課題をふまえて講義とディスカッションをおこないます。事前課題では，各自の研究分野に即した授業科目を設定し，(1)授業科目全体についてのシラバス（科目名，授業概要，授業の目的・到達目標，1学期全15回の講義計画）と，(2)第2回目の授業，つまり，ガイダンスを終えて実際の内容に入る最初の授業の指導案（授業のねらい，授業で伝えたいこと，授業の概要，90分授業の展開方法≒時間配分，レジュメや資料等の提示の仕方）をつくります。

　「研究分野に即した授業科目を設定」と上述しましたが，参加者は，以下のような地方都市の大学における「一般教養」科目（文学部，教育学部，経済学部の1～2年生がおもな受講者で，受講人数は150名程度）を想定して科目を設定します。すなわち，学生の約40％が「推薦枠」で入学し，学生の出身高校の進路状況が4年制大学進学者，短大進学者，就職者でほぼ3等分される大学を仮定して，シラバスと指導案を書くのです。博士課程在籍中や修了後（または単位取得退学後）にどこかの大学で授業をする場合は，入学難易度のあまり高くない，学生間の学力にもバラつきのある大学で教えることになりがちです。そうした実情をふまえ，事前課題では，上述のような大学を想定して授業のイメージをふくらませていきます。現在では多くの大学で授業シラバスがウェブ公開されていますから，参加者はそうしたシラバスや，前年度までの参加者が書いたものを参考にしながら事前課題を作成し，講習に臨みます。

　講習会の当日は，まず教員が授業の組み立て方について講義をします。そこでは，（演習ではなく）講義という授業形式の特徴を理解したうえで，受講者の学習意欲を高めるためにはどのような工夫が必要なのかという観点から，シラバスと個別の講義について検討していきます。具体的には，講義者（＝教員）ではなく学習者（＝学生）を主語にした明確な授業目標の設定，学習成果から逆算した授業構想，初回授業の大切さ，さまざまな教材やツールの比較，といった論点が出されます。講習会参加者はこの講義をふまえ，各自のシラバスと指導案の特徴や改善点などについて，教員も交えながら検討していきます。そして後日に課題を修正し，次のステップに進む準備を固めます。

授業はライブ——観察と実習から得られること

　講習会 A を終えた参加者は授業観察と授業実習の段階に入ります。この段階は，（原則的には）一橋大学社会学部で実際に開講されている科目を観察し，観察した科目とは別の科目で授業実習をおこなう（それぞれ 2 コマ以上），という組み合わせになっています。2011年度までは 2 コマ以上の授業観察を終えてから授業実習をする手順だったのですが，授業経験のない段階ではなにに注目して観察すればよいのかわかりにくいという声もあり，2012年度から，1 回目の実習を終えてから 2 回目（以降）の観察をおこない，そのあとに 2 回目（以降）の実習をする形式に変更しています。近年の TF コース修了者の観察・実習例を 2 つ例示すると，次のようになります。

　◎A さん：授業観察＝「ドイツ語圏研究入門」2 回，授業実習＝「宗教社会学 II」2 回。
　◎B さん：授業観察＝「社会科学概論」「量的データ解析法 I」それぞれ 1 回，授業実習＝「社会調査論」2 回。

　観察と実習というこのセットの要はもちろん実習にあるのですが，TF コース参加者はその前に，情報の提示方法にも着目しながら実際の授業を見学し，観察記録をまとめるなかで実習のイメージをつくりあげていきます。観察と実習をとおして参加者が痛烈に認識する要点を一言でいえば，ある授業観察記録の冒頭に書かれていた一句，「授業はライブ」になるでしょう。「授業で伝える」ことと「論文を書いて伝える」こと，あるいは「授業で学ぶ」ことと「書籍を読んで学ぶ」こととは，時間的・空間的経験としてまったく異なることです。論文は，推敲を重ねながら長い時間をかけて書いていき，印刷したものを何度も確認しながら「完成」させるモノです。しかし，個々の授業はどれだけ念入りに準備したところで，あくまでも90分という限られた時間において生起する一回的なコトであって，そこに「完成品」はありません。また，書籍は何度も読み返しながら学ぶことのできるモノですが，授業での教員の言葉は，記憶したり書き留めたりできるものとはいえ，発されたと同時に消えていってしまうコトなのです。

こうした「ライブ」性に関連して参加者が授業観察で気づかされた具体的な注意点をまとめると，次のようになるでしょう。

　◎空間の活用法：動作や立ち居振る舞いが学生に与える印象の重さ，教室を一巡するだけで緊張感が生まれ授業にアクセントがつく，後方の席でも見えるか／聞こえるかという点への配慮，など。
　◎リズムの取り方：スライドや映像資料をどのタイミングで入れるか，映像資料と口頭説明とを結びつけることの効果，理論と具体例・実践例との往還のさせ方，キーワードや確認事項の効果的な反復，など。
　◎学生の参加の促し方：手を動かして書かせることにも効果がある，「発言」だけでなく「挙手」だけでも参加意識に差が生じる，など。
　◎機材や資料の工夫：機材トラブルが起きた場合に備えた柔軟さ，大きな文字で書かれた講義ノート（机上においたまま話せるので学生とのアイコンタクトが取りやすい），など。

　これらの気づきを経て進む授業実習は，一橋大学社会学部の授業科目のうち，自分が実習先として選んだ科目の担当教員の指導と監督のもとでおこないます。実習にあたっては，実習をしたいと思う科目の担当教員に事前に承諾を得て，助言を受けながら指導案を作成します。どの科目でも実習を受け入れる用意が整っているわけではないので，コース参加者は，早めに実習可能な科目を見つけることが求められます。実習では参加者同士で互いに観察しあうことも推奨していますが，実習を終えた者は各回に日誌をまとめ，担当教員に書いてもらった所見と照らしあわせて実習をふり返ります。
　講習会Aでの座学と授業観察での知見をふまえ，しかも教員からの助言を受けながら2回限りの実習に臨むこともあって，近年のTFコース参加者は資料を入念に準備して実習をおこない，充実した内容の講義だったと受け入れ教員から評価されています。ただ多くの場合，(1)内容を詰め込みすぎる，(2)（とくに終了時間が迫ると）早口になる，(3)話し方のメリハリとアイコンタクトに欠ける，など技法的な課題がとりわけ1回目の実習では指摘されます。しかし，そうした問題点は2回目でかなり改善されていきます。また，2回目に

は前回の質問や感想にも応答でき，やがては担当するであろう「本物」の講義の実習という意味でも，最低2回の実習というコース設計は一定の機能を果たしています。

　こうして授業実習までを済ませたTFコース参加者は，1月末か2月初頭におこなわれる2日間の集中講義「講習会B」に出席し，TFコースの全日程を終えます。「講習会B」の内容は，(1)授業実習についての参加者の報告，(2)授業のねらい（知識の獲得か，スキルの獲得か，気づきの獲得か，など）によって異なる多彩な授業形式（グループワークほか）に関する講義と映像視聴，(3)的確な成績評価の仕方や授業評価の活用についての検討，(4)一橋大学大学院のOB・OG等を招聘した講演，に大別できます。

　このうち，(4)は全学の院生やポスドクが参加できる「アカデミック・キャリア講習会」の一環で，登壇者には，「大学で教えるということ」について語ってもらいます。2011〜2013年度の登壇者がこれまでに授業をしてきた大学を列挙すると，鎌倉女子大学，吉備国際大学，工学院大学，甲南大学，城西大学，高崎経済大学，津田塾大学，東海大学，東京学芸大学，東京経済大学，東洋大学，日本社会事業大学，福岡女子大学，明星大学，山口大学などで，担当科目も，英文講読，経営組織論，経済史，現代経済入門，社会科学基礎論，社会学，宗教学，中国語，フランス語，法学入門，民法，メディア文化，歴史学入門など，人文・社会科学分野の広い領域をカバーしています。

　TFコース参加者は全日程の最後に，このような諸大学や諸科目での授業現場の実際と講義の工夫について，OB・OGが試行錯誤してきた経験から学ぶわけです。そこでは多様な実践例が紹介されますが，登壇者は共通して，学生の潜在的な学びへの意欲をいかに誘発し，主体的な学びを現実化するか，という点に専心してきたといえましょう。学びの「成功体験」の少ない学生をも「本気で学びたい」姿勢へと誘い込むことが教員の仕事であるわけですが，「本気で学びたい」姿勢を生み出すためには，教員にも「本気で伝えたい」ものがなければなりません。登壇者のひとり，貫真英さん（城西大学経済学部准教授）は講演のクライマックスで，「自分は話すに値することを言っているか？　これが最後の授業だとしても悔いはないか？」と，みずからを省みることの大切さについて語りました。そしてこうした「本気」を実践的に示すためにも，

「学生の名前を覚える」「前のほうに座ってもらう」といった教員の単純な心がけや、「役に立つ」勉強を求める学生の気質をうまく利用する工夫も必要になるのです。そのように熱意と仕掛けを組み合わせることで、大学での授業という基本的には非対称的な人間関係の場においても、相互に「伝えあう」ことのできる人間関係を———一時的にではあれ———現出させることができるのではないでしょうか。

「教えるスキル」は強化されたけれど……

　ここまでTFコースの内容をたどってきましたが、実際に修了してTFディプロマを取得した（元）院生たちは、このコースのなにを評価し、どこに課題を見いだしているのでしょうか。2006〜2010年度のTFディプロマ取得者を対象としておこなったアンケート（2012年12月実施、回答率40.8％、49名中20名）によると、20名中11名がディプロマ取得後に連続性のある教育経験をすでに積んでおり、単発のゲスト講義を含めると、20名中18名に教育経験があることがわかりました。そうした授業におけるTFコースの有益性については、18名中14名が「有益」「やや有益」と答えています。しかし一方で、教員公募の際にTFディプロマが大学側から評価されたかという点に関しては、「評価されたと思う」はわずか1名、「評価されなかったと思う」が4名、「わからない」が11名になっています。

　これはTFコースの現状を明瞭に示す結果と思われます。すなわちTFコースは、「大学で教える」スキルの実践的学びとしては有益ですが、大学教員としての就職におけるディプロマの効力は認めがたい、というのが現実なのです。TFコースのディプロマは教歴として履歴書に記載でき、応募する際にはディプロマの内容証明を発行することもできます。しかし、現段階ではディプロマは「ないよりはマシ？」程度で、内容証明を付けたとしても、「本物」の教歴のある応募者と競合した場合に「勝てる」見込みは薄いでしょう。つまり、TFコースや他大の大学教員準備プログラムの大きな課題のひとつは、「若手」教員を採用する諸大学にこの種のプログラムやディプロマの価値を周知すること———本書がそのひとつの実践になることを願います———にある、といえるのではないでしょうか。今後は、一連の大学教員準備プログラムの修了証書

を「教歴」に相当するものとして整備し，博士課程院生のキャリア形成の道筋をつくることが求められます。

さて，以上のように課題を示したうえで，最後にTFコースの有益さについて，上記アンケート結果と近年のコース参加者の声をふまえてまとめます。

◎授業実習の経験そのもの：非常勤や専任教員として大学で教壇に立つ場合，たとえ2回とはいえ実習をすることで「いきなり本番」という事態が避けられ，技術的にも精神的にもより安定した状態で講義に臨める。
◎連続性のある授業実習：全15回講義の一部を使い，しかも1回ではなく2回の実習をすることで，連続性のある講義の実践的なトレーニングになる。たとえば，予定していた内容が1回で終わらなかった場合の対処や，次回の授業への「予告」，前回の内容の復習，学生の質問や感想に対する回答なども，実際に経験できる。
◎「専門外」の分野での授業経験：教員として就職したあとに大学から要求される授業は，その研究者の直接的な専門からは少し外れた内容の科目になることも多い。講習会をとおしてこの点が強調され，授業実習でもそれを実践的に学べる。
◎学生を主語にした授業構想：「自分がなにを話すか」を中心に構想しがちな研究発表とは異なり，授業は，学生がなにをどのように学ぶか，という観点から構想しなければならない。講習会ではこの点や，また，学生を主体的な学びに向かわせる動機づけについて講義されたが，実習をしたり大学教員として働き始めたりすると，その重要性を再認識する。
◎シラバスの作成と検討：教員公募で要求されるシラバスの作成についての体系的な講義と，そのシラバスを少人数で検討できることが，従来の大学院教育にはない貴重な機会になっている。

授業観察と授業実習を事前と事後の講習会で挟んだTFコースの効果は，以上のようにまとめられます。現在では大学教員となったある参加者は，このコースを「もっと若いうちに受けていたらよかった」とも述べていました。博士課程院生は，専門分野での研究とその成果発表に心身ともに多大なエネルギー

を注入しますので，こうしたプログラムがあったとしても，なかなか参加する余裕がないのが現実です（筆者もそうでした）。しかし，博士課程で研究を続ける院生が将来的にめざす職業，大学教員の重要な仕事とは，「大学で教える」ことになるわけです。専門的な研究テーマに集中しがちな大学院生活のなかでも，将来に直面するであろう「教育活動」を早いうちから意識――「教える」とすればなにをどのように教えるのか――すれば，専門領域に広がりをもたせ，みずからの研究関心を多角的・客観的に捉えられるようにもなるのではないでしょうか（この見解は，TFコースを修了した日本学術振興会特別研究員／立正大学非常勤講師，湯川やよいさんの意見から示唆を受けました）。大学教員準備プログラムのない大学院で学ぶ院生も，この点を意識しながら研究を進めることで，研究者／教育者としてのキャリア形成をより具体的に構想していくことができるはずです。

5 　研究あってこそのスキル

　以上のように第Ⅲ部では，海外での口頭発表や英語研究論文のかたちで研究成果を発信するスキルと，大学で学部学生に教えるスキル，これらを磨くための一橋大学での取り組みとその成果や課題について述べてきました。一貫して強調してきたのは「伝えるスキル」の洗練の必要性ですが，最後に，表現し伝えるべきものが充実していなければスキルも意味をなさない，という当然のことを付記したいと思います。

　TFコースを修了した上述の湯川やよいさんは，非常勤講師としての初めての15回講義を終え，「伝え方」の問題だけではなくむしろ自分の勉強不足，研究者としての「浅さ」を思い知った，と謙虚に語っていました。「伝えるスキル」の訓練は重要ですが，人文・社会科学系大学院生の「仕事」の核心はやはり，それぞれが切実に抱える問題意識の探求なのです。探求の「本気」があってこそ伝えようとする「本気」もわきあがり，それにともなって，どうすれば効果的に伝えられるのかという，技法面での工夫と訓練も有意味になります。そしてその帰結として，伝えられる側も，それを「本気で」受け止めることが

できるようになるのだと思います。〈研究と就職〉に相乗効果があるように，内容（個々の研究）と形式（伝えるスキル）にも相乗効果をもたせることが重要です。現在の，またこれからの院生の皆さんには，研究あってこそのスキルアップだという点をゆめ忘れることなく，〈研究と就職〉がつながる将来を見据えながら，日々の学修・調査・執筆に励んでほしいと考えています。

おわりに

　本書は，一橋大学大学院における全学的な院生キャリア支援の展開を試みた学生支援センター・キャリア支援室の取り組みのエッセンスを公開することで，読者である全国の人文・社会科学系院生の皆さんが，みずからの研究活動とキャリア開発の両立に悩んだときの一助となることを願って刊行しました。

　本書は学術的なキャリア研究の書物ではなく，キャリア理論についてもあまり触れていませんが，本書を読まれた院生の皆さんが実際にみずからのキャリアを切り拓こうとされるときに，知っておくと，きっと役に立つと思われる理論があるので紹介したいと思います。

　それはスタンフォード大学のジョン・D・クランボルツ教授が提唱し，キャリア理論の専門家のなかではよく知られている考え方である「計画的偶発性理論」(Planned Happenstance Theory) です。多くのキャリア理論のなかで，従来の主流派は，キャリアは合理的な意思決定によってつくられるべきであるという考え方でした。これに対して，クランボルツ教授らは，調査結果にもとづき，キャリアの80％は予期しない偶然の出来事によって形成されるという，従来の主流派とは正反対の結論を導いたのです。この理論の意味するところは，成功者の多くが偶然的な他者からの機会付与によってそのキャリアを形成している現実を見るならば，個人はそうした他者からの機会付与の可能性を高めるために能動的に行動すべきだということです。決して，なにもしないで待っていれば，チャンスがめぐってくるという考え方ではありません。

　院生の皆さんの多くは，論文の執筆や研究計画書をはじめとする書類の作成に苦労されていると思います。そして，研究計画書をいかに論理的に記述するかに神経を削ったり，本当は不確かな展望であるにもかかわらず，こうすればこうなると自信たっぷりに述べなければならないといった強迫観念にとらわれているかもしれません。しかし，ひるがえってみると，私たちはノーベル賞級の研究であっても，偶然の発見が決定的に重要であった例をたくさん知らされています。

ただし，これはロジカルな研究計画書が不要であるわけではけっしてありません。十分に考え抜かれた綿密な研究計画にもとづき，無数の試行錯誤を繰り返したからこそ，貴重な偶然の発見に遭遇できたのだろうと思います。

　実験室よりもはるかに複雑な社会環境のなかで形成される個人のキャリアをどのように開拓していったらよいのでしょうか。クランボルツ教授によると，次の5つの態度が重要です。

　（1）　好奇心
　（2）　持続性
　（3）　楽観性
　（4）　柔軟性
　（5）　リスク・テイキング

　以上の5つの態度をもちながら，視野を広げて研究や就職活動に取り組むことがキャリアを切り拓く方法ではないかと思います。

　さて，本書が刊行に至る長い道のりにおいて，執筆者のほかにじつに多くの方々のお力を頂戴しました。おひとりおひとりの名前を挙げるのは差し控えますが，お力添えをくださった皆さまを紹介し，謝意を表したいと思います。すなわち，一橋大学における院生向けキャリア支援プログラムの取り組みの成果発表や情報提供の手段として，ぜひ書籍を出版すべきだというアイディアをくださった当プログラムに関する外部評価委員の先生方。当プログラムの推進のために一橋大学内に設置されたプロジェクトチームの先生方。当プログラムの関係の授業や講習会などの運営の補佐役として，さまざまな細かい業務を丁寧に遂行した補助員の方々。キャリア・インタビューに協力くださった一橋大学大学院のOB・OGの方々。企業等への就職に向けたOB・OG座談会やセミナーで登壇してくださった方々。アカデミック・キャリア講習会に登壇してくださった一橋大学大学院の学生やOB・OGの方々と教員の方々。大学院生対象英語研修プログラムのネイティブの英語講師の方々。

　そして，本書の企画を出版まで導いてくださった大月書店編集部の西浩孝さん。どうもありがとうございました。

　　　　　　　　　　　　　林　大樹（一橋大学学生支援センター・キャリア支援室長）

参 考 文 献

阿曽沼明裕編『リーディングス 日本の高等教育5　大学と学問——知の共同体の変貌』玉川大学出版部，2010年

天野郁夫『国立大学・法人化の行方——自立と格差のはざまで』東信堂，2008年

有本章『変貌する日本の大学教授職』玉川大学出版部，2008年

有本章・山本眞一編著『講座「21世紀の大学・高等教育を考える」第1巻　大学改革の現在』東信堂，2003年

石井クンツ昌子『社会科学系のための英語研究論文の書き方——執筆から発表・投稿までの基礎知識』ミネルヴァ書房，2010年

上野千鶴子「グローバリゼーションと日本の社会学教育」，『社会学評論』58(4)，2008年，524～538ページ

江原武一・馬越徹編著『講座「21世紀の大学・高等教育を考える」第4巻　大学院の改革』東信堂，2004年

小倉充夫「女子大学における研究支援——教育の理念と研究」，『大学時報』311，2006年，58～61ページ

落合一泰「脱西洋中心主義的なグローバル研究はあり得るか？」，『HQ: Hitotsubashi Quarterly』20，2008年，24～25ページ

樫田美雄「大学院格差問題から考える社会科学系学会の新機能」，『書斎の窓』2011年5月号，54～59ページ

加藤毅「融化する若手大学教授市場」，山野井敦徳編著『日本の大学教授市場』玉川大学出版部，2007年，289～316ページ（前掲『大学と学問』281～301ページにも収録。本書での引用はこの本からおこなった）

菊池信彦「若手研究者問題と大学図書館界——問題提起のために」，『カレントアウェアネス』315，2013年，13～20ページ

木本喜美子「編集後記」，『社会学評論』58(4)，2008年

財団法人企業活力研究所『平成23年度　アジア人財資金構想プロジェクトサポートセンター事業「日本企業における高度外国人材の採用・活用に関する調査」報告書』2011年

齋藤圭介「データからみる『社会学評論』——投稿動向と査読動向を中心に」，日本社会学会編集委員会編『編集委員会報告書：『社会学評論』の現状と課題——若手支援のために・自己点検のために』日本社会学会，2012年，5～26ページ

齋藤経史・鐘ヶ江靖史・三須敏幸・茶山秀一『ポストドクター等の雇用・進路に関する調査——大学・公的研究機関への全数調査（2009年度実績）』（調査資料202），文部科学省科学技術政策研究所，2011年

齋藤経史・伊藤裕子・富沢宏之『博士課程修了者の状況把握のシステム設計——博士

人材データベースの構築背景および海外の博士課程修了者調査』（調査資料216），文部科学省科学技術政策研究所，2012年
佐藤郁哉「大学院の大衆化と社会学教育——アメリカンモデルをめぐる「破滅的誤解」を越えて」，『社会学評論』58(4)，2008年，456〜475ページ
佐藤純・杉江征「学生との面接から見える国立大学法人化」，『筑波フォーラム』75，2007年，72〜75ページ
佐藤裕・ガトゥクイ明香「研究活動の国際化と院生・ポスドクの「送り出し」支援——一橋大学における実践を例に」，『一橋大学国際教育センター紀要』3，2012年，29〜52ページ
――――「分野横断的な研究活動の国際化支援に向けて——一橋大学の若手研究者による短・中期留学経験を例に」，『一橋大学国際教育センター紀要』4，2013年，31〜48ページ
潮木守一『職業としての大学教授』中央叢書，2009年
嶋崎尚子・笹野悦子・小村由香「アカデミック・キャリア形成の現状——多様性と格差の問題」，『社会学年誌』49，2008年，23〜37ページ
竹村喜一郎「法人化と比較文化学類の教育」，『筑波フォーラム』75，2007年，85〜88ページ
田口真奈・出口康夫・京都大学高等教育研究開発センター編著『未来の大学教員を育てる——京大文学部・プレFDの挑戦』勁草書房，2013年
太郎丸博「編集後記——論文を投稿すること、審査すること」，『理論と方法』22(1)，2007年，105〜108ページ
徳永英子「外国人留学生の就職・採用に関する研究」，『Works Review』8，2013年，62〜73ページ
内閣府男女共同参画局『男女共同参画白書 平成25年版』2013年
夏目達也・近田政博・中井俊樹・齋藤芳子『大学教員準備講座』玉川大学出版部，2010年
野家啓一「国立大学法人化のジレンマ」，『現代思想』36(12)，2008年，68〜77ページ
早川洋行「編集後記」，『日本都市社会学会年報』27，2009年
一橋大学学生支援センター・キャリア支援室大学院部門『外国人留学生のための就職ハンドブック——日本でキャリアをスタートするために』2013年
――――『修士課程院生のための就職ハンドブック——研究との相乗効果をめざして』2013年
福留東土「人文・社会科学系大学院における研究者養成と博士学位——変遷・現状・課題」，『広島大学高等教育研究開発センター 大学論集』35，2005年，367〜384ページ
細井克彦「これからの大学院教育を展望する」，『大学と教育』16，1996年，22〜38ページ
町村敬志「「学術雑誌」をつくる立場から論文執筆・投稿の勘所を考える——社会

学・都市研究（Urban Studies）の領域を中心に」，一橋大学学生支援センター・キャリア支援室大学院部門「2011年度 第3回アカデミック・キャリア講習会：学術雑誌への投稿論文——アカデミアで生き残るために」報告資料，2011年7月29日

松井彰彦「改正労働契約法 「身分差」埋める努力を」，『朝日新聞』2013年10月8日

水月昭道『高学歴ワーキングプア——「フリーター生産工場」としての大学院』光文社新書，2007年

────『アカデミア・サバイバル——「高学歴ワーキングプア」から抜け出す』中公新書ラクレ，2009年

────『ホームレス博士——派遣村・ブラック企業化する大学院』光文社新書，2010年

文部科学省『学校基本調査報告書』各年度版

────『学校教員統計調査報告書』各年度版

山口昌男『学問の春——〈知と遊び〉の10講義』平凡社新書，2009年

山野井敦徳「大学人事システムとしての公募制研究——公募文書の分析を手掛かりとして」，『広島大学高等教育研究開発センター 大学論集』27，1998年，1〜18ページ

Bracken, Louise J. and Alastair Bonnett, "Publishing in journals: Research articles", in A. Blunt and C. Souch (eds.) *Publishing in Geography: A Guide for New Researchers*, London: Royal Geographical Society (with the Institute of British Geographers), n/d, pp.4-9

Dunleavy, Patrick, *Authoring a PhD: How to Plan, Draft, Write and Finish a Doctoral Thesis or Dissertation*, Basingstoke: Palgrave Macmillan, 2003

Phillips, Estelle M. and Derek S. Pugh, 2005, *How to Get a PhD: A Handbook for Students and Their Supervisors (4 th ed.)*, Milton Keynes: Open University Press, 2005（角谷快彦訳『博士号のとり方——学生と指導教官のための実践ハンドブック』大樹舎，2010年）

Desikan, Shubashree, "Fake open-access journals flourish in India: Science", *The Hindu*, 24 October 2013

Weber, Max, "Wissenschaft als beruf", from *Gesammlte Aufsaetze zur Wissenschaftslehre*, Tübingen: Mohr, 1922 [1919], pp.524-555（尾高邦雄訳『職業としての学問』岩波文庫，1936年）

編著者

佐藤 裕（さとう ゆたか）［序章・第Ⅰ部（第1章・第2章）］
1974年生まれ。インド，ジャワハールラル・ネール大学社会科学部社会システム研究センター博士課程修了。一橋大学学生支援センター特任講師を経て，現在，国際教養大学国際教養学部グローバル・スタディズ課程助教。論文に「グローバル化と慢性的貧困──開発社会学の視点から」（『国際開発研究』第21巻第1・2号，2012年，2013年度国際開発学会「奨励賞」受賞）など。

三浦美樹（みうら みき）［第Ⅱ部］
1977年生まれ。一橋大学大学院社会学研究科修士課程修了後，株式会社リクルート（現リクルートキャリア，リクルートマネジメントソリューションズ）にて企業内人材育成，若年者対象の就職支援などに携わる。2011年，国家検定2級キャリア・コンサルティング技能士の資格を取得。現在，一橋大学学生支援センター特任講師。

青木 深（あおき しん）［第Ⅰ部（第3章）・第Ⅲ部］
1975年生まれ。一橋大学大学院社会学研究科博士後期課程修了。現在，一橋大学学生支援センター特任講師，埼玉学園大学人間学部非常勤講師。著書に『めぐりあうものたちの群像──戦後日本の米軍基地と音楽1945-1958』（大月書店，2013年，第35回サントリー学芸賞受賞〈社会・風俗部門〉）など。

装丁　桂川 潤

人文・社会科学系大学院生のキャリアを切り拓く
〈研究と就職〉をつなぐ実践

2014年3月28日　第1刷発行	定価はカバーに表示してあります

編著者	佐藤　裕・三浦美樹・青木　深 一橋大学学生支援センター
発行者	中　川　　進

〒113-0033　東京都文京区本郷2-11-9
発行所　株式会社　大　月　書　店
　　　　　　　　　　　　　　　　　　印刷　三晃印刷
　　　　　　　　　　　　　　　　　　製本　中永製本
電話（代表）03-3813-4651　FAX 03-3813-4656　振替 00130-7-16387
http://www.otsukishoten.co.jp/

© Sato Yutaka, Miura Miki, Aoki Shin,
Hitotsubashi University Student Support Center 2014

本書の内容の一部あるいは全部を無断で複写複製（コピー）することは法律で認められた場合を除き、著作者および出版社の権利の侵害となりますので、その場合にはあらかじめ小社あて許諾を求めてください

ISBN978-4-272-41222-8　C0037　Printed in Japan